四川省社会科学研究规划项目（SC17C002）

青少年体育公共治理体系研究

刘雨 著

人民体育出版社

图书在版编目（CIP）数据

青少年体育公共治理体系研究／刘雨著. -- 北京：人民体育出版社，2021（2024.6重印）

ISBN 978-7-5009-5945-8

Ⅰ．①青… Ⅱ．①刘… Ⅲ．①青少年－体育工作－研究－中国 Ⅳ．①G812.45

中国版本图书馆 CIP 数据核字（2020）第 272172 号

*

人民体育出版社出版发行
北京盛通印刷股份有限公司印刷
新　华　书　店　经　销

*

710×1000　16 开本　10.5 印张　180 千字
2021 年 7 月第 1 版　2024 年 6 月第 2 次印刷

*

ISBN 978-7-5009-5945-8
定价：80.00 元

社址：北京市东城区体育馆路 8 号（天坛公园东门）
电话：67151482（发行部）　　邮编：100061
传真：67151483　　　　　　　邮购：67118491
网址：www.psphpress.com
（购买本社图书，如遇有缺损页可与邮购部联系）

[作者简介]

刘雨，男，1989年生，四川成都人，满族，四川大学文学学士、教育学硕士，成都大学体育学院体育教育系副主任、讲师，成都大学优秀青年教师"青椒计划——青年教学名师"。

现任四川省运动舞蹈协会花样绳舞专委会副主任、成都市跳绳协会副秘书长。现为国家级跳绳裁判员、跳绳中级教练员、中国网球协会初级教练员。多次率队参加全国跳绳联赛等各类全国性大赛，获金牌70余枚。

主要研究领域涉及青少年体育、少数民族体育、体育产业等。主持四川省哲学社会科学规划项目1项；获四川省哲学社会科学优秀成果二等奖1项；在CSSCI来源期刊、全国中文核心期刊及其他学术刊物上发表《构建和谐社会进程中西部地区政府体育职能转变与对策研究》《校园足球的教育价值及其实现途径》等学术论文7篇；撰写专著、参编教材共5部；参加"全国体育科学大会"等全国性体育学术会议交流，获大会报告一等奖、二等奖各1次。

前　言
FOREWORD

继党的十九大报告提出要打造"共建共治共享"的社会治理格局之后，中共十九届四中全会又进一步明确我国社会治理体系建设的目标——全面实现国家治理体系和治理能力现代化，这实际上明确了经济社会各方面的发展不能只依靠某一单一主体的力量，而是需要多元主体"共建共治共享"的协同合力。打造"共治共享格局"不仅是实现中华民族伟大复兴的有力保证，也为进一步加强和推进社会治理格局优化提出了新要求。因此，我国经济社会各个领域都需要把握打造"共治共享格局"的重大历史机遇，"完善党委领导、政府负责、社会协同、公众参与、法治保障的社会治理体制"，以多元合作推进经济建设，以多元协同推进社会发展。

青少年体育治理理论研究者和青少年体育从业者们，也应该积极抓住我国经济正加紧推进治理体系及治理能力现代化建设的重要契机，根据我国体育发展宏观资源配置环境转变的新特点和新要求，思考如何推动我国青少年体育治理体系的发展、怎样优化和完善我国青少年体育治理模式，以提高治理能力，为体育及教育部门的青少年体育管理改革提供思路。

本研究的目标主要包括：（1）探寻市场推动我国青少年体育治理体系建设的理论及现实基础。（2）总结我国青少年体育治理体系及治理能力建设的现实困境。（3）合理建构我国青少年体育治理体系，并对其价值取向、要素构成、多元主体有效参与、协作机制创新等核心方面和具体内容进行有效阐释。

本研究是在"全面实现国家治理体系和治理能力现代化"的大背景下，以青少年体质持续下滑、青少年体育治理体系亟须优化、青少年体育治理能力有待提升等为现实起点，运用治理理论、公共治理理论等分析工具，运用文献资料法、逻辑演绎法、数理统计法、比较分析法等研究方法，开展我国青少年体育治理体系建构和研究，透视我国青少年体育治理体系现状及相关缺陷，分析当前我国青少年体育治理体系的主要问题，并结合查阅到的体育管理治理改革、行政权力有效规制等文献资料，综合治理理论等多学科理论，阐释我国青少年体育治理体系及其基本框架；然后，在综合我国青少年体育治理体系相关困境，以及美国青少年体育治理模式与治理经验的基础上，提出优化我国青少年体育治理能力的相关策略；最后，运用四川省青少年体育治理的现状及模式等案例，印证我国青少年体育治理体系及促进青少年体育治理能力提升的相关研究成果。

本研究分为五个层次，共有六章。第一层次（第一章）为研究思路与立论基础部分，主要为我国青少年体育治理体系研究的一般概述、文献评述、研究方法及思路。第二层次（第二章、第三章）在机制设计理论、治理理论、体育管理等多学科理论的基础上，探究我国青少年体育治理体系的理论基础及逻辑，分析了政府与社会、学校等多组织协同作用配置青少年体育资源的内在逻辑；然后梳理了我国青少年体育治理体系的发展现状及困境，阐释了我国青少年体育治理体系发展亟须从资源多元配置模式创新等领域寻求突破。第三层次（第四章）为经验借鉴及启示部分，介绍了美国青少年体育治理体系及青少年体育治理模式及经验，总结了相关启示。第四层次（第五章）为发展对策部分，阐释了优化我国青少年体育治理体系的策略与路径，为提升我国青少年体育治理能力和治理效率、惠及更多的青少年提供参考。第五层次（第六章）为案例研究，用四川省青少年体育治理的模式及四川省青少年体育治理能力的提升等验证研究理论。本研究在研究视角、分析工具选择、比较分析所选取的资料等领域有一定创新性；研究提出的我国青少年体育治理体系的协作机制及我国青少年体育治理策略等对我国青少年体育治理具有一定的指导意义，并为进一步推动我国青少年体育治理体系建设、促进青少年体育发展提供一定的理论支撑和实践参考。

通过梳理治理理论及公共治理理论的学术脉络，提炼治理理论及公共治理理论的内涵及特征，研究发现，"治理"已经被认为是"多主体、多中心共同管理"；治理既涉及公共部门，也包括私人和社会部门；治理既是一整套规则和制度，也是一个"持续的互动"过程。国家治理的理想状态，就是"政府与公民对社会事务的协同治理"。治理理论和公共治理理论为考察我国青少年体育治理的现实状况、发现我国青少年体育治理问题、提出相关对策提供了参考。新时期我国青少年体育治理体系及其协作方式应该具备的特征包括：青少年体育治理体系执行力和效率要求更高；青少年体育治理体系精准化要求更高；青少年体育治理体系治理方式更多样化。

现阶段，各级政府部门、各类青少年体育社会组织、各类企业、学校是参与我国青少年体育治理的关键主体，他们分别以政策制定、产品供给、活动组织等形式影响青少年体育的开展。现阶段我国青少年体育治理改革面临着挑战，即如何实现青少年体育治理的各类主体之间纵向层化级秩序整合机制与横向网络化秩序协调机制之间相互匹配及有效协同的问题。此外，我国青少年体育治理的关键性问题是如何解决青少年体育不能回归生活世界，青少年普遍存在体育生活及实践缺失的问题。

美国在青少年体质管理与健康促进、青少年体力活动干预及青少年体育治理体系建设等方面的做法颇值得学习。系统、科学而多样化的青少年体质监测模式为青少年体育治理提供了科学依据。多方面积极参与的青少年体力活动干预及管理方式为青少年体育治理注入活力。分析认为，美国青少年体育治理体系的有效运转主要依赖于：政府对青少年体育工作的主导、运动项目协会及非营利体育组织及其他机构的积极参与、青少年体育与学校教育的紧密结合。美国青少年体育治理为我国提供了宝贵经验：要一如既往地发挥政府体育及教育等各部门的主导作用，要发挥青少年体质监测的作用，要激发大学等研究机构对青少年体育的贡献，要积极开展青少年体质监测的相关科学研究，要以学校青少年体育为主要阵地开展学校体育教学改革，要强化青少年多样化的体育参与行为。

政府主导、社会积极参与的我国青少年体育治理体系已初步形成，关键是要提升我国青少年体育治理水平。提升我国青少年体育治理水平，需要多方面协作形成合力，即要推进政府权能重构，以便于多元主体参与青少年体育治理，要各类青少年体育社会组织独立与自主，要畅通青少年体育社会组织参与的渠道和合作机制，要完善相关政策为社会主体参与青少年体育治理提供保障，要发挥学校的作用，还要积极宣传教育引导社会大众思想观念的转变，为青少年体育发展营造宏观大环境。

四川省青少年体育治理呈现出：重竞技、轻群体、弱学校，重指令、轻市场，重建设、轻服务，重结果、轻过程，重内部管理、轻外部实践等特征。为促进四川省青少年体育治理体系发展和青少年体育治理能力提升，四川省应根据影响四川省青少年体育治理的上级监管、职能建设、行政供给、环境保障、行政协调等因素，今后要确立基层体育行政部门的法学地位、明确基层体育行政干预的行为重点、加大与基层教育部门的职能协作、积极培育和完善基层体育市场、加紧基层体育场所设施的新建与维护、政府放权积极培育社会体育团体组织。

目 录
CONTENTS

第一章 绪 论 ··· 001
第一节 研究背景 ·· 001
一、健康中国建设为青少年体育工作提出了新要求 ············· 001
二、连年下滑的青少年体质水平期待新策略 ····················· 003
三、治理体系建设为青少年体育发展提供了新方略 ············· 004
第二节 研究对象与研究方法 ·· 005
一、研究对象 ··· 005
二、研究方法 ··· 007
第三节 研究目的、研究意义与研究价值 ···························· 009
一、研究目的 ··· 009
二、研究的理论意义 ·· 011
三、研究的应用价值 ·· 011
第四节 研究思路与研究框架 ·· 012
一、研究思路 ··· 012
二、研究框架 ··· 013
第五节 文献研究综述 ··· 014
一、国内青少年体育治理研究 ·· 014

二、国外青少年体育管理研究 ·· 020
　　三、已有研究评述 ·· 021
　　四、体育治理研究理论共识 ··· 022
　　五、面向体育治理实践的认知瓶颈 ··· 023

第二章　青少年体育治理的理论基础 ··· 026
第一节　理论概述 ··· 026
　　一、治理理论概述 ·· 026
　　二、公共治理理论概述 ·· 028
　　三、体育治理概述 ·· 029
第二节　治理理论对青少年体育治理的启示 ··································· 031
　　一、治理理论对青少年体育治理的启示 ····································· 031
　　二、青少年体育治理体系应具备的特征 ····································· 032

第三章　我国青少年体育治理现状 ·· 034
第一节　参与青少年体育治理的主体构成 ······································ 034
　　一、各级政府部门是主导青少年体育发展的核心 ······················ 034
　　二、社会组织是推进青少年体育工作的关键力量 ······················ 037
　　三、各类企业积极参与青少年体育产品供给 ···························· 038
　　四、各类学校及校园体育是青少年体育的重要形式 ·················· 040
第二节　我国青少年体育治理挑战 ·· 041
　　一、逻辑悖论：结构性冲突致使两套机制相互排斥 ·················· 041
　　二、实践困境：横向网络化秩序协调机制参与缺失 ·················· 043
第三节　不能回归生活世界：体育生活及实践缺失 ······················· 048

第四章　经验借鉴：美国青少年体育治理及启示 ···························· 052
第一节　美国青少年体质促进及变迁 ··· 053

一、美国青少年体质测试的沿革 …………………………………… 053
　　二、青少年体力活动干预 …………………………………………… 056
　第二节　美国青少年体质促进体系特征分析 ………………………… 060
　　一、政府主导青少年体质健康管理 ………………………………… 060
　　二、各类组织积极参与 ……………………………………………… 061
　　三、与学校体育教育紧密结合 ……………………………………… 063
　　四、青少年体质健康管理的科学性 ………………………………… 064
　第三节　美国青少年体质健康促进对我国的借鉴价值 ……………… 065
　　一、充分发挥政府对青少年体质健康管理的引导作用 …………… 065
　　二、改革学生体质测试 ……………………………………………… 067
　　三、扶持独立研究机构 ……………………………………………… 068
　　四、加强青少年体质健康科学研究 ………………………………… 068
　　五、深化学校体育教育改革 ………………………………………… 069
　　六、强化青少年体力活动参与 ……………………………………… 070

第五章　提升青少年体育公共治理水平的策略 …………………… 071
　第一节　政府权能重构：为多元主体参与体育治理创造条件 ……… 071
　第二节　社会组织独立与自主：形成多主体协同参与体育治理格局 …… 073
　第三节　建立合作机制：为社会主体参与体育治理提供渠道 ……… 074
　第四节　坚持法治：为社会主体参与体育治理提供保障 …………… 075
　第五节　教育与学习：让体育教育成为青少年体育素养及心态生成与
　　　　　发展的关键 ………………………………………………… 077
　第六节　转变观念：让体育成为人们生活的基本样式样法 ………… 080

第六章　案例研究：四川省青少年体育治理体系及其优化 ………… 082
　第一节　四川省青少年体育公共治理特征 …………………………… 082

一、重竞技、轻群体、弱学校 ……………………………………… 083
二、重指令、轻市场 ………………………………………………… 083
三、重建设、轻服务 ………………………………………………… 084
四、重结果、轻过程 ………………………………………………… 085
五、重内部管理、轻外部实践 ……………………………………… 085
第二节 影响四川省青少年体育治理体系的因素研究 …………… 086
一、数据分析结果 …………………………………………………… 087
二、影响基层体育行政干预相关因素解析 ………………………… 092
第三节 四川省青少年体育公共治理体系优化策略 ……………… 095
一、确立体育行政部门的法学依据 ………………………………… 096
二、明确体育行政干预的行为重点 ………………………………… 096
三、加大与教育部门的职能协作 …………………………………… 097
四、积极培育和完善基层体育市场 ………………………………… 098
五、加紧体育场所设施的新建与维护 ……………………………… 099
六、政府放权积极培育社会体育团体组织 ………………………… 099

参考文献 ……………………………………………………………… 101

附　录 ………………………………………………………………… 108

附录1　转型时期我国基层青少年体育行政干预特征调查问卷 ……… 108
附录2　转型时期我国基层青少年体育行政干预影响因素调查问卷 … 113
附录3　我国基层青少年体育发展相关访谈提纲（体育部门负责人）… 116
附录4　我国基层青少年体育发展相关访谈提纲（青少年体育
　　　　社会组织负责人）………………………………………… 117
附录5　部分相关研究成果 ……………………………………………… 118

后　记 ………………………………………………………………… 154

绪 论

第一章

[**本章提要**] 首先，梳理了我国青少年体育治理体系建设的三大基本背景，即健康中国建设为青少年体育工作提出了新要求，连年下滑的青少年体质水平期待新策略，治理体系建设为青少年体育发展提供了新方略。其次，介绍了本研究的对象、研究方法、研究目的、研究理论意义与研究应用价值，概述了本研究的基本思路和研究的框架体系。最后，通过对已有研究的综述，发现了当前关于青少年体育治理研究的瓶颈与不足，即当前理论难以对现有体育社会管理机制创新给出建设性方向，且难以从中微观层面阐释多主体体育治理格局建设中的结构性问题。

第一节 研究背景

一、健康中国建设为青少年体育工作提出了新要求

20世纪以来，被视为国家实力组成部分的健康问题开始成为国际交流合

作的重要内容，尤其是世卫组织成立之后，各国纷纷制定国家健康战略，国民的健康水平成为国家实力与文明程度的标志。20世纪后期，随着经济全球化的发展，伴随着疾病传播速度的加快，使健康技术交流不再是国家的内部事务，而成为一项国际责任。20世纪80年代，在加拿大多伦多召开的国际会议上，为了更好地应对城市化给人类健康带来的挑战，首次提出"健康城市"理念。随后，在联合国的倡导下，开始了"健康国家建设"，并且迅速在全球展开，健康城市理念从加拿大传入美国、欧洲，随后在日本、新加坡等国家流行，逐渐成为全球的国际性运动。至此，越来越多的国家建立健康家园、健康学校、健康社区和健康城市，从国家宏观政策层面开启了"健康国家"发展战略。2000年之后，世界卫生组织的会议议题几乎都集中在国家政策层面，甚至就如何开展国际社会合作展开讨论，健康国家建设已经成为具体的实践活动。

2009年，我国启动了以医疗卫生为主体和动力的"健康中国2020"战略研究，以考察建设健康中国的路径，并将该战略发展成为我国社会发展的重要组成部分。2013年9月28日，国务院下发《关于促进健康服务业发展的若干意见》，其中提出"覆盖全生命周期""健康服务业"的概念，在大健康观背景下，健康相关的产业迎来了发展的良机。在国家政策的大力支持下，体育产业和健康服务产业快速发展，健康促使社会多种环境层面和社会发展的各个层面都迅速被覆盖并不断完善，其中以健康、体育产业发展和健康促进为重点的现代服务业发展成为我国社会转型的重要环节，健康产业的外延也在政治和经济方面带来新的刺激点和产业潜力。"健康中国"是一项涉及医药保健、精神心理、养老制造、食品药品、文化娱乐、体育教育等事业和产业的综合概念。"推进健康中国建设"已经成为国家战略，是衡量全面建成小康社会的重要指标之一，也是促进人的全面发展和社会和谐安定进步的必然要求，体现了健康中国维护健康的政治承诺。

二、连年下滑的青少年体质水平期待新策略

近年来国家领导和社会公众积极重视青少年的体质健康和参与体育课外活动率下降问题，青少年体育组织具有组织活动、传授技能、培养兴趣、普及提高和培养人才的重要作用。《中共中央 国务院关于加强青少年体育增强青少年体质的意见》中提出，以青少年体育俱乐部为重要手段进行社会资源和青少年课外体育活动的动员和拓展。《青少年体育"十三五"规划》中明确提出，加快青少年体育组织网络构建，使其能尽快成为体育公共服务体系的重要组成部分，并强调应从增加数量、扩大覆盖面、提高资助力度、创新形式、加强法规监督、创新管理模式等方面实施改革。

近年来我国青少年体育组织数量增加，进入新的发展阶段。但是，青少年体育组织的类型如何成为青少年和社会发展的需要？体育组织的发展定位、管理职能、运行模式应该如何适应新时期体育管理理念？如何有效地给予青少年体育俱乐部、校内体育组织、校外活动中心、户外营地、传统项目学校、社区体育等体育组织政策支持和扶持？如何通过青少年体育组织普及体育运动和提高体育水平方面等，都是亟待解决的重要问题。因此，对青少年体育组织发展策略等理论问题的探索已成为现实之必需。

我国青少年的体质近年来也出现了持续下降趋势，引起了党和政府的高度重视。2011年3月15日，政府工作报告正式发布，首次将青少年体质健康写入事关国计民生的政府报告中，并且明确提出保证中小学每天至少一小时

校内体育组织活动。青少年体质健康上升至一个新的政策高度，也表明中国政府对提高青少年体育健康水平的决心。

少年强则国强，青少年是国家的未来，青少年的体质健康水平成为国际性难题，青少年体质增强将使全体青少年终身受益这一观点成为国际共识。不同历史时期，中国和美国就青少年体质健康干预领域进行了积极有效的探讨，以此希望增强青少年体质测量和干预，形成了风格迥异的评估理念和干预体系。中美两国在青少年体质健康管理领域存在许多相似的问题，美国在青少年体质测量、标准和手段中积淀形成的青少年体质健康管理理念和综合评估模式，对我国学生体质健康管理体系的完善具有十分深远的影响。

三、治理体系建设为青少年体育发展提供了新方略

党的十九届四中全会通过的《中共中央关于坚持和完善中国特色社会主义制度、推进国家治理体系和治理能力现代化若干重大问题的决定》，明确了"国家治理体系和治理能力现代化是重要战略任务"。通过提升国家治理体系和治理能力现代化，使得社会安定有序又充满新的战略格局，有利于青少年体育发展过程中最大限度地整合有效资源，充分发挥社会主义制度的优越性。

目前，我国青少年体质健康问题和青少年体育参与问题受到了社会各界的重视，并为解决青少年体育公共治理问题采取了各种政策与措施，然而多数效果并不明显，关键在于参与青少年体育治理的主体数量少及各类主体参与程度较低、相关主体的作用没能得到充分发挥。再加上大多数政策或办法功利性较强，实施起来犹如隔靴搔痒。以"阳光体育"为例，虽然在短时间内举办了各种项目的比赛或活动，给青少年参加体育锻炼提供了机会，但并

没有从根本上改变社会各界对于青少年参加体育锻炼的思想认识，所以，仍然只有参加比赛的几个青少年参加体育锻炼，而其他的大多数青少年则没有动机，因此，所带来的效果并不明显。而国家治理体系现代化和治理能力提升后，学校、社区、俱乐部、家庭、企业等多主体的积极参与，形成了我国青少年体育公共治理多管齐下、共管共治的局面，且有利于破解之前单一的、碎片的治理方法很难达到预期的、长久的效果的困局。

国家治理体系现代化和治理能力提升，有助于破解青少年体育治理的复杂的社会问题。对青少年而言，影响他们参加体育锻炼的原因不仅是自身的意识，涉及家庭、社会、学校等多方面的因素，还涉及国家的高考制度改革、升学制度改革等顶层设计。针对这样的问题，青少年体育治理及青少年体育治理体系建设所制定的政策需要贯穿整个体系，并且要具有一定的弹性，能够根据社会现状和问题的发展演进适时地进行调整、改进。需要从顶层设计的角度着力提高青少年参与体育锻炼的动力，需要激发家庭及社会参与青少年体育治理的积极性，还需要发挥政府与社会的合力共同解决我国青少年体育资金来源的问题。

第二节 研究对象与研究方法

一、研究对象

我国青少年体育公共治理体系的理论构建，主要从政策法规保障系统、部门专班指挥系统、执行效率评估系统、体育服务指导系统、物资经费保障系统五个方面来进行。

据在四川省调查的4000名青少年体育健身活动状况,充分全面了解了青少年体育健身活动及影响青少年健康活动的学校、家庭、社会环境等因素,具体包括青少年上学交通工具、学习习惯、学习闲暇时间的身体活动状况、体育健身习惯养成、体育健身场地设施状况及使用情况、课外体育活动及体育健身的组织与指导、运动技能掌握、参与校园足球等情况。四川省由于地处西部,少数民族地区、贫困山区较多,教育、经济、意识等方面受到较大程度限制,致使青少年体育在各省各市各校开展不均衡,政府发出的相关政策没有得到有效的落实,高校体育教育成为青少年接受体育教育的"终点站"。通过对四川省青少年体育俱乐部的现状及问题的研究,结果表明,"目标定位模糊、经费投入不足、筹资渠道单一、管理理念滞后"已经严重阻碍了四川省青少年体育俱乐部的发展。为此应当立足四川省经济社会发展的实际情况,实现三条主线走向,即以服务青少年体育需求为目标定位、构建多元化投资格局和坚持非营利性经营方式。

通过对四川省以及国内外青少年体育公共治理相关政策法规、治理路径、监管评估体系等梳理分析,有以下思考:(1)我国特别是四川省青少年体育公共治理理论构建缺乏系统性,尚不能满足现实需要。(2)对国外青少年公共治理的借鉴仍需深入,应获得其先进理念精髓,并结合我国国情拓宽视野。(3)我国青少年体育公共治理体系可操作性亟须完善,需形成多方联动的目标执行体系,并强调身体活动、终身体育对健康的作用价值。(4)需加强健康中国战略视域下的青少年体育公共治理监督,构建动态性的评价体系。建立政策法规保障系统、部门专班指挥系统、执行效率评估系统、体育服务指导系统、物资经费保障系统公共治理体系,具体包含体育组织保障、体育赛事组织、体育技能指导、体质健康监测、体育培训服务、精英人才培养、场地器材保障。

二、研究方法

(一) 文献资料法

首先，查阅了国内外出版的关于青少年体育公共治理、政策法规、健康促进等领域学术著作100余部，为本研究提供了理论依据和基本分析框架。其次，以"青少年体育治理""青少年体育""体育治理""青少年健康管理""青少年体质"等为关键词，在中国知网和体育资讯网搜索，共收集到2000—2019年发表的相关论文298篇，并对这些文献资料进行了仔细阅读和比较分析，通过分析、归纳、总结，对各类文献之间的关系进行了梳理和分类；全面了解本课题领域的研究现状，为研究提供基本的支撑。在Web of Science TM核心合集数据库和艾斯维尔（Elsevier）的Sciencedirect数据库中以"youth sport""child and youth fitness""sport governance"等为关键词收集到相关论文300余篇，为研究中的"比较分析"提供参考和借鉴。再次，查阅近20余年来党中央、国务院、国家体育总局及相关部委等先后出台的《中共中央 国务院关于加强青少年体育增强青少年体质的意见》（中发〔2007〕7号）、《全民健身计划（2016—2020年）》《中国青少年体育发展报告》《"健康中国2030"规划纲要》《中长期青年发展规划（2016—2025年）》等促进青少年体育发展、促进青少年体育治理、推进青少年体质健康管理及发展的相关文件，为研究提供政策支撑。

（二）问卷调查法

一方面，在充分了解四川省基层体育开展现状和基层体育行政干预现状的同时，本研究就制约体育行政有效干预的多方面影响因素咨询了 22 名四川省内有关体育院校的学校体育、社会体育学和体育经济与管理学等方面的专家、学者，以及乐山市、内江市、宜宾市、泸州市等体育局领导和多方面专业工作人员，并且在此基础上设计了《四川省基层体育行政干预影响因素调查表》《转型时期我国基层体育行政干预特征调查问卷》共 2 份问卷。在问卷调查初期就问卷的结构效度和内容效度进行专家评价，其效度为 0.87，符合问卷要求。问卷调查采用函调和 E-mail 两种形式进行。将收集到的数据使用 EXCEL2007 软件和 SPSS13.0 软件对数据进行基本描述性统计和因子结构分析。另一方面，为了解基层青少年体育产品和服务的供给情况及其中可能存在的主要问题，课题组对四川省市级体育行政部门的主管领导以及各社会体育组织的负责人进行访谈，就体育行政主管部门的青少年体育职能划归、职能效应以及行政过程中的主要困难，就基层青少年社会体育组织对目前体育行政职能干预的民生效果进行深入了解，为研究提供了可信的基层实践信息。

（三）数理统计方法

采用经典 PPS 抽样，在全省调查 4000 名青少年体育健身活动状况，充分全面了解青少年体育健身活动及影响青少年健康活动的学校、家庭、社会环境等因素，为我省青少年体育公共治理体系的建立提供精准切入点，为全国该领域的研究提供翔实的依据和参考。

(四) 案例研究方法

以四川省作为案例,整理基层体育活动开展的组织类型、四川省基层体育开展状况、基层体育部门对群众体育的干预效果等,尤其是四川省基层青少年体育行政干预呈现出的主要特征。同时,对四川省 22 个基层体育行政部门的政府部门职能定位、管理方式改变、机构职能或管理领域、权力调整和工作重点等提出新的要求;在其行政部门与广电、文化、新闻、教育等部门合并后,验证青少年体育活动促进模式在实际当中应用的有效性,并据此进一步确定青少年体育运动促进关键影响因素及控制方法;提出为适应这一变化趋势,转变基层青少年体育行政干预目标、方向、重点等,以提升治理效能的相关策略。

第三节　研究目的、研究意义与研究价值

一、研究目的

少年是祖国的未来,为了提高青少年的身体素质,为了青少年全面协调发展,响应国家"全民健身"的号召,我国青少年体育发展势在必行。而我国青少年体育锻炼的匮乏绝非朝夕形成,是由我国的国情、社会现状及历史原因等多种复杂的原因造成的。碎片化、单一化缺少系统结构性的治理体系难以满足健康中国背景下公共问题的发展。面对我国青少年体育参与度低、效果差的问题,单纯地依靠发布促进青少年参加体育锻炼的法律条文或者鼓

励青少年参加体育锻炼来解决是不现实的，治理这一问题依靠某一个部门也是难上加难。青少年公共体育治理是一个涉及面很广的问题，需要多个部门协调合作来完成，而依靠多个部门共同治理则会发生责任不明、互相推卸责任或者争抢成果、人浮于事、效率低下的状况。毫无疑问，政府是青少年体育治理的主干，而如何权衡政府各部门间的职权划分、协调各部门间的工作内容并联合开展工作是需要解决的最主要问题。对于政府的体育资金拨款而言，各级政府为了获得更有效的政绩，将更多的资金流入专业运动员的运动训练中，而对青少年学校体育不予重视。

本研究试图以当前我国青少年体育参与活动状况调查为切入点，以我国儿童青少年体育活动的时间、强度等特征为导向，在充分了解我国青少年体育活动状况的基础上，借鉴国外青少年体育公共治理体系与理论，深度挖掘其深层构架，最后以四川省为个案，尝试构建适合我国青少年体育公共治理的理论框架、治理体系和研究范式，形成较为系统的青少年体育公共治理理论和体系。

运用公共政策、公共组织、公共治理等理论，以培育打造促进我国青少年体育参与度和参与效率的政策、组织和活动等保障作为青少年体育的新引擎，调动更大范围的政府、社会和市场力量，使其形成多元治理的青少年体育促进途径。一方面，全国青少年体育活动状况调查能够筛查当前青少年参与体育活动的制约因素，并且通过量化分析研究我国青少年体育活动开展的政策保障、运动项目、体育社团组织建设等；另一方面，从构建青少年体育公共治理的角度，以路线图为逻辑思路，围绕内容结构、执行监督、措施手段、供给模式和目标设定等构建青少年体育公共治理体系，并提出其体系建设的路径和保障。

二、研究的理论意义

探索体育行政管理部门、教育行政管理部门、非营利性青少年体育组织、营利性青少年体育俱乐部、学校等多类主体构成的青少年体育公共治理体系及各类主体协同作用配置青少年体育资源的内在逻辑和机制框架。作为促进我国青少年体质健康重要平台——青少年体育公共治理体系，是提升学校体育教学质量和校外体育活动服务质量的关键因素。把供给侧结构性改革理论、现代组织理论、第三部门理论、公共政策理论、公共组织理论、公共治理理论等运用到青少年体育公共治理体系研究中，尝试构建起我国青少年体育公共治理的理论框架，有利于拓展体育管理学理论研究、丰富青少年体育发展的理论基础。

探索体育行政管理部门职能转变和权力让渡后，对如何激发社会参与青少年体育产品生产与供给的活力等，提供了一定的经验证据支持。本研究系统地比较分析了美国体育科研院所、非营利青少年体育组织等在青少年体质测试及青少年体力活动干预等领域的作用方式，为激发我国非营利性体育组织参与青少年体育产品和服务生产提供了经验和参考模式；本研究还以四川省为案例，梳理了四川省青少年体育公共治理体系构成现状、特征、影响因素及优化策略等，为完善我国青少年体育公共治理体系及其分析框架提供实践经验。

三、研究的应用价值

为主管部门转变其在青少年体育发展及青少年体育治理中的职能提供可

操作性的政策建议，本研究探讨了体育行政管理部门（尤其是基层教体局等）在青少年体育治理中的职能转变模式，提供职能转变途径及机制设计方案，为相关部门提供改革思路；为国家或省市体育、教育等行政部门、体育社会或商业性组织机构制定青少年体育政策和构建青少年体育公共治理体系等提供参考。

统筹供给、需求、政府、市场等各类力量，形成推动青少年体育发展及优化青少年体育治理的合力。本研究阐释了新时期促进青少年体育发展的动力及其提升路径，尤其是激发非营利性体育组织等参与青少年体育治理，对我国青少年体育未来的发展与青少年体质健康管理实践有一定的参考价值。

为我国青少年体质健康管理提供借鉴。讨论借鉴了美国青少年体质监测评价标准、操作方法、组织管理模式等内容，为优化我国青少年体质监测体系提供借鉴；研究分析了美国青少年体力活动干预模式及相关机构的作用方式，为增加我国青少年体力活动水平、缓解我国青少年体质连年下滑态势提供参考。

第四节　研究思路与研究框架

一、研究思路

本研究分为六个部分。第一，绪论，包括研究背景及基本情况、研究目的与研究方法、已有文献及评述。第二，梳理青少年体育治理的理论基础及启示。第三，我国青少年体育治理现状及困境。第四，美国青少年体育治理模式及经验。第五，提出我国青少年体育治理的相关策略。第六，案例研究，分析四川省青少年体育治理体系及优化策略。本研究的基本思路具体如下。

首先，通过梳理我国青少年体育治理发展及青少年体育治理的现状及存在的主要困境，结合查阅大量的青少年体育治理、体育治理、体育治理改革、资源配置优化、青少年体质及健康管理等方面的文献资料，在前人的基础上对资料进行整合、分类，通过逻辑分析进行文献陈述。接着在大量治理理论及相关青少年体育治理方面理论与实证研究成果的基础上，分析并找出我国青少年体育治理的切入点和逻辑关系，并构建起我国青少年体育治理及治理体系的分析框架。之后在比较视域的逻辑框架下探讨我国青少年体育治理的现状、逻辑悖论和时间困境等问题。然后，系统梳理了美国青少年体质及健康促进模式变迁及相关经验，联系国内青少年体育治理现状问题，通过对青少年体育治理体系的逻辑分析提出科学有效可行的对策与建议。最后，在用四川省青少年体育治理经验和模式验证研究结论的同时，确保研究的理论分析更具有说服力。

本课题的研究思路呈递进形态，且理论与实证研究并重。在提出问题之后，回顾并评述相关理论与文献，探明青少年体育治理的理论基础；研判我国青少年体育治理的机制困境，并对制约青少年体育治理的相关因素等进行分析探讨，同时对国外的各类市场力量在青少年体育治理中的功能与作用模式进行借鉴；结合专家访谈、实地考察等，建构能有效发挥市场和政府协同作用参与青少年体育治理的机制。

二、研究框架

本研究的基本框架，见图 1-1。

图 1-1 研究框架结构图

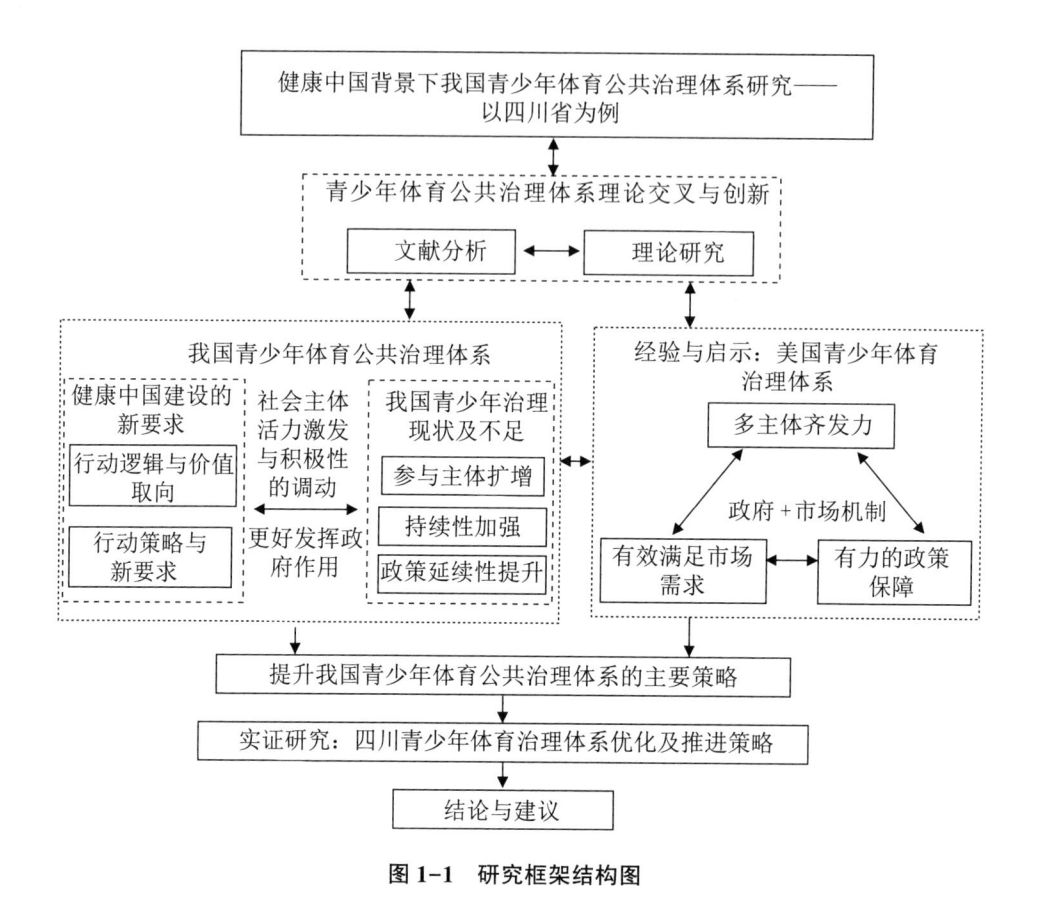

第五节 文献研究综述

一、国内青少年体育治理研究

近年来，党和国家高度重视青少年健康成长并制定一系列的产业政策强化加快青少年体育健康发展。青少年是祖国的未来，青少年的体质关乎国家兴旺和民族复兴，青少年不仅是国家体育后备力量同时也是增强民族体质、实现体育强国战略的关键。习近平总书记在2016年8月召开的全国卫生健康大会上全面阐述了推进健康中国的重要意义，并做出了重大部署。近年来，随着国家体育发展战略的转型，青少年体质健康与体育治理体系等相关问题受到学术界的广泛关注。对已有研究文献进行梳理后发现，近年来对于青少年体育的研究取得了相对丰硕的研究成果（以"青少年体育"为主题，检索条件设定为"核心期刊"和"CSSCI"期刊，通过对CNKI数据库进行检索共产生有效文献388篇）。已有研究成果关注的主题主要在于：青少年体育发展与参与的现状问题（吴贻刚，等，2002；张宏，2008；冉强辉，2011；鲍名晓，等，2012）、国外青少年体育管理体制与机制研究及启示（李琳，等，2012；李卫东，2013；唐丽，等，2014；党挺，2017）、青少年体质健康促进与体育赛事管理（梁金辉，2011；霍兴彦，2012）、青少年体育价值观促进与体育参与环境（任海，2011；王梅，等，2012；王坤，等，2013）、青少年体育发展战略与综合改革（杨晓晨，等，2015；江韩，等，2015；郭伟，等，2016；柳明毅，等，2017）等几个方面。上述研究从不同角度反映了我国青少年体育研究的基本态势，为后续研究奠定了基础，但是仍然存在遗漏。首先，已有研究中缺乏从顶层设计的层面对青少年体育进行宏观把握，实现由管理向治理层面的综合论证。其次，就当前青少年体育发展的实践来看，青少年体育发展的布局、体质的提升以及资源供给等方面尚存在一定的问题。特别是青少年体质的下降和体育参与程度不高等问题严重干扰了我国体育事业的发展和健康中国战略的实现，由此也暴露了青少年体育治理体系的滞后。新时代背景下急需青少年体育治理体系与治理模式的转型。因此，本研究以健康中国为背景，对我国青少年健康体系进行研究，以期对青少年体育公共治理体系提供实践理论基础，同时为深化改革提供理论参考。

然而，当前我国青少年健康促进的效果还不尽如人意，在体质状况方面，近30年7~22岁城市男生肥胖率增长了约24倍、乡村男生增长了约44倍，城市和乡村女生增长了近12倍，同时，视力不良率居高不下且呈现低龄化特征，大学生耐力、速度、爆发力、力量素质继续下降[①]。在2015年对53041名6~19岁儿童青少年进行体育活动状况调查中发现，由于学校体育课程泛化、课外体育服务体系无法满足需求、缺乏有组织的青少年体育重要指导、因"害怕影响学习"等因素的存在，使得大多数青少年儿童不愿意参加体育运动。我国历来高度重视青少年的体质与健康，出台了一系列相关政策法规，为青少年体育公共治理的规范化、法制化、系统化提供了政策法规保障。但我国体育政策法规研究起步较晚，且远落后于体育实践研究。党权（2014）、赵立霞（2014）等认为，已有政策均针对很严重的青少年健康问题采取的被动性补救政策，只满足国家层面需求，青少年个体需求明显被忽视。许正勇（2014）认为，法规政策的缺失使得民营企业俱乐部缺乏政策支持，且政策扶持的只是一小部分俱乐部。

国内学者对于青少年体育组织的研究主要集中在青少年体育俱乐部领域。青少年俱乐部是以发现和培养体育人才，培养青少年体育兴趣，通过政府和体育彩票资助，依托学校、体校、体育场馆、社区和基层体育项目协会等单位和组织，以普遍增强青少年体质为主要目的的社会化、公益性群众体育组织（国家体育总局，2006）。裴立新，李满春（2008）在分析了青少年体育俱乐部组织性质后认为，俱乐部的发展方向是：走向真正意义上的非营利性组织。

彭道海，柳鸣毅（2012）分析了英国青少年体育组织运行模式，研究发

[①] 刘扶民，杨桦．中国青少年体育发展报告（2016）[M]．北京：社会科学文献出版社，2017：43-72．

现，英国政府和社会对青少年体育组织高度重视，使得其社会团体、学校体育、休闲空间等蓬勃发展，从而使英国青少年在参与体育运动时权利充分、青少年公共体育生活发展空间巨大。

英国的青少年体育组织"Youth Sport Trust"，拥有独立宪章，组织网点涵盖社区、学校和商业机构中，以精英体育选拔、体育技能培训、组织体育赛事、融合文化教育等手段激励青少年参与社会体育活动，致力于指导、激发和促进青少年体育运动，促使社会团体蓬勃发展。同样在美国，青少年体育组织（协会）既是孕育高水平后备人才的摇篮，也是参与体育运动的主要载体（柳鸣毅，2013）。

从公共治理的角度，综合与多元模式的探讨亟待提高。许婉敏（2011）在对青少年体育健康促进机制进行了研究后认为，应以政府促进为主，政府提出倡议性建议，社会各方面根据倡议性建议形成合力促进青少年体育健康机制，以多方互动推动其长效性和内涵等。姚健（2015）提出，学校体育是青少年健康促进工程的关键领域和薄弱环节。陈文成（2014）、公丽英和刘治国（2015）对中国青少年体育俱乐部调查显示，由于产权、监管、资金等问题使其可持续发展存在较大问题。

通过对国内外研究现状的总结梳理，可以得出结论，即我国目前体育公共治理仍处在一个初级水平。因此，我们认为，要突出民族性、文化性、生态性、整体性和效益性，构建新时代体育公共治理路径，有效改善和加强青少年体育事业的发展，从而更好地推进相关治理研究的开展。

目前，青少年体质健康的日益下降已引起国家及社会各界人士越来越多的重视。针对这一问题，政府部门颁布了一系列文件，如《国家学生体质健康标准》《关于加强青少年体育增强青少年体质的意见》等。在《青少年体育"十三五"规划》中指出,加大运动技能培训和活动的开展,使青少年掌握一项及以上的运动技能,养成良好的身体锻炼及生活习惯。《全民健身计划(2016—2020年)》中将青少年列为重点人群,并且要求开展广泛的青少年组织活动。2017年在《"健康中国2030"规划纲要》和《全民健身计划(2016—2020年)》实施战略中重点要求关注青少年群体,他们的健康是国家复兴和民族振兴的希望。由此可见国家对青少年群体的关注并积极重视青少年的体质健康。我国相关研究目前主要由体育政策法规、体育健康促进、体育组织建设三个部分组成,未形成系统化综合化模式。

随着健康中国和全民健身上升为国家战略,青少年体育在上述两个领域的重要性日益凸显。2016年在全国卫生与健康大会上,习近平总书记就明确提出,"要广泛开展全民健身运动,促进重点人群体育活动,推动全民健身与全民健康深度融合"。随后国务院颁布《"健康中国2030"规划纲要》,进一步明确"制定实施青少年、妇女、老年人、职业群体及残疾人等特殊群体的体质健康干预计划。实施青少年体育活动促进计划,培养青少年体育爱好,基本实现青少年熟练掌握1项以上体育运动技能,确保学生校内每天体育活动时间不少于1小时。到2030年,学校体育场地设施与器材配置达标率达到100%,青少年学生每周参与体育活动达到中等强度3次以上,国家学生体质健康标准达标优秀率25%以上。"而要达到以上国务院的要求,青少年体育的公共治理体系完善任务需提上日程。

党的十八大以来,在倡导创新服务型政府治理理念的背景下,创建社会组织提升社会治理能力成为国家治理体系和治理能力现代化的路径。当前,健康中国国家战略拓展了青少年体育组织的发展空间。一方面,提升青少年体育组织内部治理能力。健康中国国家战略将进一步促进青少年体育事业和体育产业发展，对于不同类型、层次、模式的青少年体育俱乐部、体育培训机构、体育基金会、体育商业机构等组织，应强化内部人员素质、服务质量、章程治理、合法资质等建设，尤其是提高其独立运行能力使其具备承担政府购买公共服务的能力，在社会基层为青少年体育普及和后备人才服务。另一方面，提升青少年体育组织外部治理能力。除了（业余）体育运动学校以外，我国其他类型的青少年体育组织还处于初级发展阶段，需要与《"健康中国2030"规划纲要》中所涉及的卫生、教育、社区、心理、产业等领域融合发展，使青少年体育组织能够在学校、社区、商业等区域蓬勃发展，提升宣传效应和辐射能力，使其产生自我造血功能。与中国青少年体育的发展相适应，我国青少年体育的治理研究也相对比较单一化和呈线性特征。就四川而言，由于地处西部，经济社会发展方面受到较大程度限制，导致青少年体育开展不均衡，相关政策也没有得到较好的落实，高校体育教育往往成了青少年接受体育教育的"终点站"。本研究试图在总结国际国内青少年公共治理方面理论和实践的基础上，以构建适应于青少年身心发展规律、教育发展规律、社会融合规律及体育参与规律的公共治理体系，按照"树立'大体育'理念，努力实现青少年体育工作全球化合作、全人群共享、全地域覆盖、全周期服务"的发展目标，使青少年体育公共治理体系成为提高青少年体育参与率和改善青少年身心健康状况的有效途径。

一直以来我国都非常重视青少年的体育发展状况。新中国成立初期，虽然我国的整体社会发展水平较为落后，但政府仍然非常重视青少年体育事业的发展。为了鼓励青少年更多地参加体育锻炼，毛主席曾发出了"健康第一，学习第二""发展体育运动，增强人民体质"的号召。《全民健身条例》最主要的目标人群也是定位在青少年群体。虽然青少年体育发展一直以来备受重视,但不可否认我国青少年的体质呈现下降的态势,青少年的身体素质整体情况不容乐观。

二、国外青少年体育管理研究

20世纪90年代,美国政府启动《健康公民2000》战略计划研究,该项研究由美国联邦卫生和人类服务部牵头,与地方州政府、社区组织合作,以每十年为一个周期。现《健康公民2020》战略计划,目前已经进入第三个十年计划。其总体目标是满足高质量的生活方式、疾病预防、降低死亡率、改善各年龄段健康行为、构建全民健康的物质环境,涉及42个健康领域,近600个健康促进目标,12个健康指标[1]。

美国体育公共治理实施多方联动体系,不同部门和组织间进行相互协作,充分运用了公共治理的模式,对青少年体育公共治理成效较为显著。作为全球最早实施健康战略的国家之一,美国健康公民系列计划与《国民身体活动计划》总体目标、实施框架等相互补充。从组织构架上,由教育、公共健康、医疗、公共卫生等九大社会领域组织协同运作,积极吸收相关利益者参与、协调利益矛盾、形成持续合作关系,走多形式多元主体去中心协同治理道路;从策略上,《健康公民2020》在内容上尤其强调对青少年的健康促进;从内容上,以青少年身体活动健康为国家健康战略重点;从评估上,青少年体育监测的便捷性和可测量性,尤其在青少年体育公共治理方面评估内容和指标非常明确,如提升公办或民办学校每日为学生提供体育教育的比例、增加定

---

[1] 刘思华,梁恒. 中国《全民健身计划(2011—2015)》与美国《健康公民2010》的比较研究[J]. 中国西部科技,2012,11(8):71-73.

期小学休假制度周数等。另外，美国尤其注重体育公共治理目标执行的有效性与评估的科学性，有统一执行评估系统，推动计划的有效执行。

1978年和1988年日本政府先后两次制定全体国民健康计划并在此基础上于21世纪初提出"健康日本21"战略。在新加坡，政府成立"健康促进委员会"以专门负责"健康国家"战略的相关活动。英国政府2001年开始了"获得健康——国家长远发展战略"研究，英国政府在对未来20年国家卫生服务体系发展趋势进行分析后提出了"健康英国"战略计划。加拿大政府于2002年提出"构建价值"战略计划。2004年欧盟健康委会提出10个方面的"健康欧洲"战略计划，以面对欧洲公共卫生发展遇到的问题。

英国青少年体育以"政策—组织—活动—经济"为发展主线，实现了将组织作为孵化地，通过精英人才的培养和体育运动的广泛普及来展现其公共治理的普遍适用性。在伦敦奥运会之前，英国政府就制定了适合青少年体育发展的计划。以奥运会为主，提升学校体育水平，扩大赛事参与面，并在政策的引导下，以体育社会组织与服务者的身份参与到国家体育事业的治理中。

总而言之，国外青少年体育将青少年在校外和校内有机结合，找到了适合青少年身心的多元化运动项目。国外青少年公共体育方面坚持"以人为本"理念；引进社团或企业，明确政府职能，共建高效率公共体育服务；强调全方位开展青少年体育运动，普及各个社区、家庭；加强青少年选材，培养精英。既在青少年中普及体育、促进身体健康，又提升青少年的竞技水平，融合社会发展。

三、已有研究评述

综上所述，国内学者就理论界和实践工作部门在促进我国青少年体育组织建设与发展进行了有意义的探索，形成了丰富的理论成果，为青少年体育发展的研究内容扩展及青少年体育发展决策提供了理论基础。然而在以下两个方面的研究还有待深入。一是，已有研究多从青少年体育俱乐部建设领域展开分析，研究具体的多元化的体育组织建设方面相对匮乏。学校体育组织（学校体育俱乐部、校际体育运动管理机构）、公共非营利性社区组织、社区体育组织、私有营利性俱乐部、私有非营利性体育组织等各种青少年体育组织之间存在互补性和差异性，各有其特色地为青少年提供了多样体育项目。多元化的体育组织形式是青少年体育活动的保障。二是，以往关于青少年体育组织发展的系统性研究不足。以往研究要么是关于宏观层面上的体育组织性质和组织结构，要么是集中于微观层面进行个案社会调查。关于在我国政府机构改革和职能转变的背景下，对我国青少年体育组织的建设、发展模式和策略的系统性的研究成果鲜见。

所以，有必要系统分析青少年体育组织的发展策略，通过多元化的青少年组织体系及科学的运营模式，构建起青少年体育组织发展网络，促进青少年体育运动的广泛开展和青少年体质的普遍提高。

四、体育治理研究理论共识

在总结近年来学者关于体育治理的研究分析，大概可以将这些理论共识概括为：（1）大多研究强调体育治理主体的多样性，强调体育行政部门、各类社会体育组织、群体和企业等在体育治理中多元主体地位；认为各部门组织之间以合作形式提供各类体育公共产品对体育事业整体发展和体育治理体系构建具有重要意义。（2）已有研究在推进体育治理改革过程中更倾向于通过政府职能的转变达到国家、社会和市场相互合作的治理体系。（3）在治理目标上，形成通过体育治理，要服务和满足社会大众多元化、差异化的体育需求，来实现公共利益最大化。

五、面向体育治理实践的认知瓶颈

从更为实质的层面来看，学者们通过政治学、公共管理、哲学等学科的研究试图构建政府、社会和市场的良性运行体育治理关系，以应对体育发展的内外部环境发生深刻的变化。大多数学者都相信，通过政府、社会与市场的合作交流能够管理我国体育发展中遇到的难题。不难看出，研究者在宏观层面形成了理论共识和价值判断，并指明发展的趋势，但存在的问题是，现有研究大多以一种"应然"方式呈现，对于体育行政部门、社会与市场和各类体育组织之间良性互动关系形成背景、条件和讨论不足。因为多主体的合作治理并非是自我运作的，它面临着组织和管理方面的巨大挑战[1]。另外，部分分析和推论是旧有理论的简单复制和嫁接，不具备有效的解释力。具体表现如下。

第一，现有理论没有借助中观和微观机制层面解释多主体体育治理格局建设的结构性困境。从十八届三中全会提出的"创新社会治理体制"，到十八届五中全会提出的要建立起"全民共建、共享的社会治理格局"，再到"党委领导、政府主导、社会协同、公众参与、法治保障"的社会治理体制[2]，多元治理格局和多元治理体系建设迎来了重要的发展机遇期。然而，体育多主体

---

[1] Lester M. Salamon, Odus V. Elliott. Tools of Government：A Guide to the New Governance [M]. New York：Oxford University Press, 2002：611.
[2] 孟建柱. 加强和创新社会治理（学习贯彻党的十八届五中全会精神）[N]. 人民日报, 2015-11-7：6.

治理，在现实操作层面上正面临着诸多困境。一方面，体育多元主体很难介入传统的体育管理机制及结构，更难形成以多主体协同治理的网络体系；另一方面，多元主体很难参与以"路径依赖"及其背后的传统管理体制的自我强化机制。在我国传统体育管理组织体系下，全国（地区）的各类体育资源长期掌握在体育行政部门中，且体育行政管理部门独立运作由此产生与之相关的自我强化结构和基础。在实践层面就表现为：减少行政干预、管办分离的呼声喊了很多年，体育部门始终是言语上迎合、行动上原地踏步[1]，以及职业体育改革的结构性弊病等问题。当然，明知旧有发展模式已经难以为继，依然铤而走险试图保住"从中渔利"的可能，这不仅是顽固分子的贪念使然，更与管理部门的失职紧密相连[2]。

第二，现有理论无法对如何走出当前的体育社会管理创新困境提出建设性的思路。现有研究关于体育治理模式创新和体育管理改革都处于"应然"层面，不能理清现有实践困境及背后机理，也不能对此困境提出应对之策。学者们大多提出一种"循环解释"，"多主体协同不足""社会参与不足"等在体育治理过程中的问题，同时又给出"多元合作协同""进一步培育体育社会组织和力量"的建议。既无法为体育管理改革提供知识积累，也很难为推进我国体育治理体系与治理能力现代化实践作出贡献。

[**本章小结**] 青少年体育治理体系和青少年治理能力需要更加健全和提升，以应对连年下滑的青少年体质问题。已有研究主要形成关于青少年体质干预和青少年健康管理重要性的认识。学者们都提出"社会参与不足""多主

---

[1] 刘亮. 全面深化改革背景下我国体育改革的逻辑、目标、动力及路径［J］. 体育科学，2015，35（10）：10-16.
[2] 钟文. 换个思路办体育——以新理念引领体育发展新格局的思考之一［N］. 人民日报，2016-1-4：13.

体协同不足"等是推进青少年体育治理改革进程中面临的重要瓶颈。但如何实现青少年体育治理体系内各主体之间的"多元合作协同"？如何"进一步凝聚起促进青少年体育治理的体育社会组织和力量"？学界期待更富说服力和解释力的研究。

青少年体育治理的理论基础 第二章

[**本章提要**] 首先，通过梳理治理理论及公共治理理论的学术脉络，提炼治理理论及公共治理理论的内涵及特征，并为考察我国青少年体育治理的现实状况、发现我国青少年体育治理问题、提出相关对策提供参考。其次，介绍了体育理论界和实务界关于体育治理体系和体育治理能力现代化的深入探讨，梳理了学者们对体育治理、体育治理体系、提升体育治理能力、体育治理体系现代化等关键性问题的研究成果。再次，提出了治理理论、公共治理理论和体育治理理论等基本理论对青少年体育治理的启示及新时期我国青少年体育治理应该具备的基本特征。

第一节 理论概述

一、治理理论概述

治理的传统意义一般使用于国家行为上，例如体制研究中的治理被浓缩成国家层面上的运转问题；行动上的治理被归纳为基于行为可能性分析范围内的统治术；国际领域中的治理则特指推进世界和平稳定发展的规则。但自20世纪70年代开始，伴随着经济全球化趋势的发展，治理开始被用以阐释公共政策体系特征及当代社会行政权力结构。同时，人们从治理理念中引申出善治这一目标，表明了人们希望通过能动性找到可持续发展的管理途径。

英国学者格里·斯托克从以下五个方面分析了治理理论的特征：治理主体的构成并不仅局限于政府组织体系；公共政策执行的分散化导致权责的重新分配；治理是各个公共机构间相互依赖的联系；治理主体表现出自主、自治的特点；治理目标指向政府与社会民众关系的完善优化，而不是单一发令。

英国学者罗伯特·罗兹认为，为了提高公共管理绩效，应将私营组织的管理和竞争理念引入公共部门与公共服务之中；实行善治的治理，应基于民主制度建立比政府组织更加开放多元的管理体系；作为新社会控制论的治理，不应是单一命令控制，而是促进协调行为主体间的关系，实现平等化。

美国社会学著名学者莱斯特·萨拉蒙认为，当今的治理是一种打破传统政府统治、超越"公""私"二元结构的新治理体系，可以有效提高公共服务的效益和效率，实现社会网络体系化、公正化。同时萨拉蒙认为，新型公共服务治理不再局限于单一公共机构，要向多主体治理转变，实现纵向、横向相结合的治理结构的转换。另一些公共行政学者也有相似的观点。例如，美国治理研究者库伊曼和范·弗利埃特认为，治理的实际应用比政府管理更加广泛，它通过行为者间的良性互动来实现善治。

综上可以看出，国外学者在研究治理的概念上并没有统一的说法，缺乏权威通行的概念界定。全球治理委员会于1995年发表的《我们的全球伙伴关系》（Our Global Neighborhood）研究报告中对治理这一概念提出了具备一定代表性的阐释：治理是各种公共或私人的机构管理共同事务的诸多方式的总和。总的来说，治理是协调解决利益纷争、矛盾冲突相互并采取联合行动的持续过程。

自20世纪70年代以来，由于两次石油危机的爆发和受美元贬值的影响，西方国家经济陷入"滞胀"的困境。传统官僚体制的效率低下、金融等危机的出现，政府治理体系的改革成为急需解决的难题。20世纪70年代后期，部分西方学者尝试引入竞争机制以提升治理水平，以"效率"为中心的新公共管理的运动逐渐兴起，并在实践过程中发挥了重要作用，切实提高了政府部门的管理效率，但它在20世纪80年代中后期又出现了新的问题。问题主要包括经济价值取向过于单一（经济、效率和效能），以及市场导向导致的公共福利缺失。由于新治理体系违背了民主权利、公正公平的价值观，进而引发市场失灵。西方学者和官员意识到社会需要新的监管体制来解决这些问题，开始了新的摸索和探寻。随着经济全球化和区域一体化的加深、社会组织数量的增加、管理危机的爆发，公共治理理论在对传统公共行政理论和新公共管理理论的批判和继承的基础上诞生了。

二、公共治理理论概述

公共治理主要涉及四个方面的内容。一是政府、企业等多元治理主体；二是公共治理范围囊括了生活中大小事务；三是公共治理手段以团体机构协作为主；四是以权力引导公民来实现公共利益最大化。

公共治理主要有以下五大基本特征。一是治理主体多元化。治理主体既包含政府，也包含其他社会组织、团体等。二是主体责任不明确。国家转移责任但不转移权力，模糊化了主体间的权责。三是主体间的互动性和依赖性。政府在治理过程中依赖于与其他社会组织的协作。四是网络体系的自主自治。多元化治理会使治理主体放弃部分权力转而形成有效沟通，最终建立公共事务管理综合体。五是重新定义政府角色的范围和方法。随着时代背景的变化，政府为了实现公共治理必须先进行改革。

三、体育治理概述

20世纪70年代以来，"治理"成为国际学术讨论的热点概念。目前"治理"已经被认为是"多主体、多中心共同管理"[①]；治理既涉及公共部门，也包括私人和社会部门；治理既是一整套规则和制度，也是一个"持续的互动"[②]过程。根据政治学的"治理理论"及其基本假设，现代社会的有效治理并不取决于政府单边的自上而下的管理，而是取决于各种公共的或私人的机构共同协商参与的管理，多中心的合作治理结构是促成更有效社会管理的重心所在[③]。党的十八届三中全会提出的："全面深化改革的总目标是完善和发展中国特色社会主义制度，推进国家治理体系和治理能力现代化"[④]，将国家构建提升到了一个新的境界和新的高度，具有重要的理论意义和现实意义。国家治理的理想状态，就是"政府与公民对社会事务的协同治理"[⑤]。

深化改革的"推进国家治理体系和治理能力现代化"总目标的提出，引

[①] 郑杭生，邵占鹏. 治理理论的适用性、本土化与国际化 [J]. 社会学评论，2015，3（2）：34-46.
[②] 俞可平. 治理和善治：一种新的政治分析框架 [J]. 南京社会科学，2001（9）：40-45.
[③] 皮埃尔·卡蓝默. 破碎的民主·试论治理的革命 [M]. 高凌瀚，译. 北京：生活·读书·新知三联书店，2005.
[④] 中共中央关于全面深化改革若干重大问题的决定 [N]. 人民日报，2013-11-16：1.
[⑤] 俞可平. 推进国家治理体系和治理能力现代化 [J]. 前线，2014（1）5-8.

发了学界关于体育治理体系和体育治理能力现代化的深入探讨。学者们纷纷围绕何为体育治理？体育治理体系包含哪些要素？怎样提升体育治理能力？体育治理体系如何实现现代化等问题开展研究和讨论，并形成了许多建设性的意见和观点。

有学者认为，体育市场化进程的加快暴露了原有体制和治理模式的弊端，僵化的体育管理体制和治理模式很难适应和对接快速变化的外部环境是造成体育伦理缺失、行为越轨和道德失范等问题的主要原因[①]。有学者从实践困境层面分析认为，我国体育传统管理主要有"运动式""干预型""包办型"三种类型。过于单一的管理主体和管理方式严重阻碍了体育的市场化和可持续发展，新型体育治理体系的建设应该要形成政府、社会、市场"三位一体"的良好局面；通过统筹目标、区分职责、加强联络、互利共进[②]等实现协同治理。

也有学者认为，随着市场经济的发展和改革开放的深入，建设服务型政府成为我国新一轮政府改革的基本目标；具体到体育领域，"平衡效益、效率与公平、正义等原则的内在关系成为政府治理变革的价值追求"，体育治理"是一个由政府、市场、社会组织等多元主体共同参与建构的过程"[③]。

还有学者认为，体育治理是运用治理的新方式来处理体育利益多元主体的冲突，使之协同合作，高效有序，最终达到体育善治的过程。治理主体的多元化、治理结构的网格化、治理能力的高效化、治理手段的法治化、治理

[①] 白光斌，王晓伟，高鹏飞.我国社会转型中的体育法治问题与国家治理——以国家治理能力为理论视角 [J].体育与科学，2015，36（4）：88-93.
[②] 张明俊.我国体育传统管理的危机与新型体育治理建设 [J].体育学刊，2015，22（4）：13-16.
[③] 戴健，张盛，唐炎，等.治理语境下公共体育服务制度创新的价值导向与路径选择 [J] 体育与科学，2015，35（11）：3-12.

方式的民主化是构成体育治理体系和治理能力现代化核心内容[1]。体育治理体系包括：治理结构体系、治理功能体系、治理制度体系、治理方法体系、治理运行体系五大基本内容[2]。体育治理的价值目标是通过多元治理主体协同合作，在法制支撑的稳定规范平台上，依靠科学治理的方法、手段，高效率地完成功利性的体育实践项目的方向和标的[3]。

第二节 治理理论对青少年体育治理的启示

一、治理理论对青少年体育治理的启示

治理是当今世界各国公共行政和政府改革的核心理念。在西方学者看来，治理不但包括政府，还包括了企业和社会组织的参与，于法律而言，他们都是体育事务管理的责任主体。

青少年体育治理面临着诸多问题，例如利益诉求的多样、治理主体的多元导致博弈的动态变化。所以，青少年体育治理也是一个持续保持动态变化的过程，这对治理效率、方式手段提出了更高的要求。换句话说，青少年体育治理是一个联合性的网络；另外，青少年体育治理体系，还需要在治理内容、治理主体和治理方式等多层面有更多创新。

我国青少年体育治理体系急需转型。首先是治理内容要从"体育圈"延

---

[1] 杨桦.中国体育治理体系和治理能力现代化的概念体系 [J].北京体育大学学报，2015，38（8）：1-6.
[2] 杨桦.深化体育改革推进体育治理体系和治理能力现代化 [J].北京体育大学学报，2015，38（1）：1-7.
[3] 杨桦.论体育治理体系的价值目标 [J].北京体育大学学报，2016，39（1）：1-6.

伸至"社会圈",实现更大范围内的转型和突破;其次是治理主体的建构应以政府、社团、企业、个人的"四位一体"的主体框架为基础,加强各类体育社团的参与;最后治理方式需要从静态行政管理向动态精准治理转型,进行实时监控与反馈。

二、青少年体育治理体系应具备的特征

青少年体育治理体系及其协作方式应该具备以下特征。

一是执行力和效率要求更高。当我们在探讨青少年体育治理时,应该认识到它是一个相对概念,从属于"科层治理"这一高阶概念。体育作为全球范围内少数的通过官僚、科层二阶制完成行业资质的特殊领域,科层治理体系占据了重要位置,而青少年体育治理正是科层治理体系中的基础。科层体系可以有效地完成高效和统一的要求,青少年体育治理的本质要求即执行力,全民健身路径的建设、社会体育指导员制度的实施正是执行力的体现。作为社会公共事务的青少年体育治理,效率是应首先考量的因素。由于利益冲突等问题,这就要求青少年体育治理必须以人为本,从民众需求出发,实现执行力和效率的最大化,找到治理路径最优解。

二是精准化要求更高。青少年作为民族、国家的希望,是所有工作的落脚点,青少年体育治理也不例外。但如何通过青少年来发展以人为本的体育?现实情况是青少年体育治理范围过大,效率不高,无法增强民众的认同感和支持度。例如"随意抓拍几张群众体育运动照片"来说明青少年体育治理的影响力,对民众的需求并不了解,出现"我需要舞龙舞狮的器材,你却给我篮球、乒乓球设施"的情况。青少年体育治理需要贯彻落实以人为本的价值

观,通过增强治理理念的可读性,提升青少年对体育组织的接纳度,形成科学化、法治化、制度化的体育治理共识。

三是治理方式更多样化。青少年体育治理最终是服务于民众,因为工作要求的特殊性决定了治理主体的多元化,除开政府层面,还涉及各类体育社团组织、市场(企业),怎样协调多方间的利益成为工作的重点。理论上而言,各类治理主体占有的资源各不相同,通过多方配合可以实现资源的合理分配,形成良性运行的工作机制和网络机制。这一点可以从近年来我国各级政府以购买服务方式,调动体育社会组织参与赛事、培训、设施运营、咨询服务等项目,由社会组织举办的体育赛事活动数量大幅增长得到印证[①]。

[**本章小结**] 治理理论及公共治理理论为我国青少年体育治理提供了理论基础和分析框架;体育理论界已有关于体育治理的研究为青少年体育治理提供了很好的参考。青少年体育治理体系构建,需要在治理内容、治理主体和治理方式等多层面有更多创新。

---

① 黄河,陈林会,刘东升,宋昱. 基层体育治理的学理基础、现实图景与应对策略 [J]. 体育科学,2018,38(2):21-31,73.

第三章 我国青少年体育治理现状

[本章提要] 首先，梳理了我国青少年体育治理主体构成情况。各级政府部门、各类青少年体育社会组织、各类企业、学校是参与我国青少年体育治理的关键主体，他们分别以政策制定、产品供给、活动组织等形式影响青少年体育的开展。其次，分析了我国青少年体育治理改革的挑战。即如何实现青少年体育治理的各类主体之间纵向层化级秩序整合机制与横向网络化秩序协调机制之间相互匹配及有效协同的问题。此外，我国青少年体育治理的关键性问题是如何解决青少年体育不能回归生活世界、青少年普遍存在体育生活及实践缺失的问题。

第一节 参与青少年体育治理的主体构成

一、各级政府部门是主导青少年体育发展的核心

为了加快推动青少年体育工作的开展，使青少年养成良好的体育锻炼习

惯，扩大青少年体育人口数量，促进青少年身心发展，党中央国务院对此多次强调青少年体育的重要性，提出了相关要求。如 2007 年 5 月，中共中央、国务院出台了《关于加强青少年体育增强青少年体质的意见》（中发〔2007〕7 号），为进一步促进青少年体育发展明确了相关保障及措施等。除了党中央国务院，国家发改委、财政部、团中央等部门也从多方面为青少年体育发展做出了重要贡献。

长期以来，我国各级教育和体育行政管理部门为青少年体育治理提供了重要支撑。教育部体育卫生与艺术教育司致力于青少年体育、卫生与健康的教育指导工作，如表 3-1 所示，通过拟定相关政策文件来规划具体的教师培训工作、教材的编写建设，积极协调青少年参加国际体育竞赛和艺术交流活动。

表 3-1　2019 年以来教育部出台/发布的促进青少年体育发展的文件

序号	文件名	出台时间	备注
1	教育部办公厅《关于做好 2020 年全国青少年校园篮球、排球特色学校遴选等工作的通知》（教体艺厅函〔2020〕5 号）	2020 年 1 月 21 日	
2	教育部办公厅《关于做好全国青少年校园冰雪运动特色学校及北京 2022 年冬奥会和冬残奥会奥林匹克教育示范学校遴选工作的通知》（教体艺厅函〔2020〕1 号）	2020 年 1 月 8 日	
3	教育部办公厅、北京冬奥组委秘书行政部《关于举办"筑梦冰雪·相约冬奥"全国学校冰雪运动竞赛暨冰雪嘉年华的通知》（教体艺厅函〔2019〕57 号）	2019 年 11 月 26 日	
4	教育部办公厅《关于 2019 年高水平运动队建设项目调整有关事项的通知》（教体艺厅函〔2019〕48 号）	2019 年 7 月 11 日	

续表

序号	文件名	出台时间	备注
5	教育部办公厅《关于组织开展2019年度全国青少年校园足球师资和教练员国家级专项培训的通知》（教体艺厅函〔2019〕44号）	2019年7月2日	
6	教育部等六部门《关于开展2019年全国学生体质与健康调研及国家学生体质健康标准抽查复核工作的通知》（教体艺函〔2019〕4号）	2019年7月10日	
7	教育部等四部门《关于加快推进全国青少年冰雪运动进校园的指导意见》（教体艺〔2019〕3号）	2019年5月20日	国家发展改革委、财政部、国家体育总局
8	教育部办公厅《关于开展2019年全国青少年校园足球特色学校、试点县（区）和"满天星"训练营创建工作的通知》（教体艺厅函〔2019〕34号）	2019年4月24日	
9	教育部办公厅《关于开展足球特色幼儿园试点工作的通知》（教体艺厅函〔2019〕24号）	2019年3月22日	
10	教育部办公厅《关于开展2019年全国青少年校园网球特色学校遴选工作的通知》（教体艺厅函〔2019〕20号）	2019年3月15日	
11	教育部办公厅《关于开展2019年"师生健康中国健康"主题健康教育活动的通知》（教体艺厅函〔2019〕16号）	2019年3月1日	
12	教育部办公厅《关于继续做好2019年全国青少年校园篮球特色学校遴选等有关工作的通知》（教体艺厅函〔2019〕11号）	2019年2月2日	
13	教育部办公厅《关于继续开展全国青少年校园足球师资国家级专项培训的通知》（教体艺厅函〔2019〕5号）	2019年1月16日	

教育部门通过出台体育课程标准的相关文件，推动学校体育教育的发展；通过出台促进青少年体育发展的"组建特色项目学校"等形式推动广大青少年普及冰雪项目、三大球项目、网球项目等体育运动项目，培养了青少年对

运动项目的兴趣和爱好，丰富了体育教学内容和知识，构建具有中国特色的冰雪运动教学及相关保障体系，引导积极向上的生活方式，倡导包容性发展理念，扩大了青少年冬季运动项目人口基础。

国家体育总局还通过青少年体育赛事的举办、青少年体质的监测等活动协助教育部门开展阳光体育等青少年课余体育活动，积极参与到青少年体育治理工作中来。其中，还以鼓励和资助成立青少年体育俱乐部的形式，促进青少年体育发展。据不完全统计全国有"八年多家民办非企业体系俱乐部以及十几万家市场化俱乐部"①。这些俱乐部已成为增强广大青少年体质的重要载体，为青少年提供了便捷的体育锻炼条件，切实推动了青少年体育活动的发展，实现了素质教育和全面健身的高度融合。

二、社会组织是推进青少年体育工作的关键力量

我国各层级青少年体育联合会、各层级青少年体育俱乐部联合会等是在民政部门登记、注册，批准成立的区域性、非营利性社会团体组织，已经成为整合利用某一区域体育系统青少年体育组织资源并切实推动了青少年体育工作的开展。这些组织是行政管理部门的有效补充，是解决青少年体质健康问题的有效路径。青少年体育联合会等其他社会组织，长期致力于青少年体育的相关研究及推广宣传，开展与青少年有关的资讯服务、展览会议等活动，积极承办各种性质的服务项目委托，进行公益活动的组织策划和实施。（表3-2）同时还在一定程度上为体育行政管理部门及其下属各类体校的后备人才选拔源源不断地培育人才、输送人才。

---

①全国体育运动学校联合会青少年体育俱乐部分会在京宣告成立[EB/OL].

表 3-2 广东省青少年体育联合会开展的主要青少年体育业务

会员招募	赛事/活动运营	培训	会员服务	其他业务
个人会员	各项目赛事	体育培训	协助会员招商	支教公益活动
单位会员	活动营	校园足球	协助会员媒体宣传	红色教育活动
	体育嘉年华			爱心助学

备注：根据广东省青少年体育联合会官网（www.gdysf.org）数据整理。

此外，运动项目协会也是推动青少年体育发展的关键力量。一方面，各层级运动项目协会都纷纷成立了负责青少年事务的机构及委员会，例如2018年1月召开的中国篮协青少年委员会成立会议暨青少年篮球训练工作研讨会上通过了中国篮球协会青少年委员会的成立。姚明认为："作为我国青少年篮球工作的重要议事机构，希望青少年委员会发挥社会各界专业人士的作用，为青少年篮球工作开展多提可执行、可持续的建设性意见，集多方之力共同搭牢我国青少年篮球的'塔基'"。另一方面，运动项目协会也丰富了青少年U系列赛事和校园体育赛事体系；完善了青少年体育教练员培训体系；优化了教练员培训考核认证工作流程；制定了相关人才激励保障机制，在一定程度上起到了激励作用。

三、各类企业积极参与青少年体育产品供给

各类企业逐渐成为青少年体育产品和服务供给的主体，并与学校体育之间形成互补的关系。我国有两亿多0~14岁青少年，未来体育培训的需求量非常可观。一方面，相关政策文件的出台，给各类企业投资体育培训、参与体育培训产品和服务供给营造了良好环境。2014年10月，国务院颁布《关于加

快发展体育产业促进体育消费的若干意见》（46号文），提出到2025年，中国体育产业总规模将达到5万亿；2015年11月，全面实施"一对夫妇可生育两个孩子"政策；2016年11月7日，伴随民促法修正案落定等政策红利给体育培训行业资本化道路提供了保障。另一方面，从行业投资情况来看，体育行业具备巨大的发展前景。通过历史数据的分析，产业投资者们用不到整个市场10%的投资行为基本上投出了30%具有持续融资能力的项目。观察融资时间发现大多集中于2015、2016年，合理利用了政策红利等契机，但从融资轮次来看，体育行业的投融资才处于萌芽期。（表3-3）

表3-3 2013—2017年体育培训行业融资情况

公司名称	主营业务	融资时间	轮次	融资金额
梦想之巅	篮球培训	2016/4/3	天使轮	数百万人民币
		2017/3/17	A轮	数千万人民币
宏远时代	综合培训	2016/9	A轮	3亿人民币
新梦想体育	足球培训	2016/9	天使轮	数百万人民币
动吧体育	足球培训	2015/4/3	天使轮	550万人民币
		2014/12	A轮	数千万人民币
索福德体育	足球培训	2016/3	B轮	1000万美元
		2016/7	B轮	数千万人民币
恒圣体育	足球培训	2016/1/25	Pre-A轮	1000万人民币
古德体育	体能训练培训	2015/11/19	天使轮	300万人民币
优肯篮球	篮球培训	2013/6/1	A轮	数百万人民币
帝立奥巴	篮球培训	2016/3/1	天使轮	数百万人民币
果辉足球	足球培训	2016/5/20	A轮	1000万人民币
毅涛足球	足球培训	2015/9/25	天使轮	500万人民币
界内体育	羽毛球培训	2016/12/23	天使轮	800万人民币

续表

公司名称	主营业务	融资时间	轮次	融资金额
思博特体育	高尔夫培训	2017/4/26 被莱茵体育以3750万元收购其51%的股权			

备注：以上数据，来源于青少年体育培训的体育产业链投资逻辑与机会[EB/OL]. (2019-04-19)（访问时间：2020-02-19）https：//www.sohu.com/a/309245999_505619.

四、各类学校及校园体育是青少年体育的重要形式

校园体育是青少年体育的重要基础。首先，学校体育是有一套相对标准的课程理念和体系的，学校通过体育教育、课余体育活动等形式为广大青少年提供基本性、兜底性青少年体育教育和体育活动产品、传授青少年体育运动技术和技能、培育青少年体育运动兴趣爱好。其次，学校借助于"篮球进校园""校园足球""冰雪项目进校园"等，丰富了青少年体育青训产业发展。2014年11月26日，全国青少年校园足球工作电视电话会议的召开标志着校园足球工作全面启动，会议上出炉了足球成为学校体育必修课并纳入综合素质评价等内容。教育部公布的数据显示，截至2019年底"已在全国38万所中小学中遴选认定校园足球特色学校27059所，设立校园足球改革试验区38个，遴选校园足球试点县（区）160个，布局建设'满天星'训练营80个，招收高水平足球队高校181所。"[1]

并按照校园足球竞赛方案，将组织开展小学、初中、高中、大学四级联赛。同时依托各种形式的"传统项目学校"，学校依然是青少年体育后备人才培养、选拔、输送的重要力量。

---

[1] 明年将再新建、改扩建两万余校园足球场总数将超六万块[EB/OL]. http：//www.moe.gov.cn/fbh/live/2019/51635/mtbd/201912/t20191223_41319.html（2020年7月2日）.

第二节　我国青少年体育治理挑战

青少年体育治理体系包含了多元主体和协同合作两个部分，体育治理体系的建构一是要高效协调多元主体间的关系，二是实现政府纵向层级秩序整合机制与多主体横向网络协调机制之间交互式运行，实现"网络化"治理模式的转向。所以，当前体育治理改革的挑战即怎样实现纵向层级化秩序整合机制与横向网络化秩序协调机制之间相互匹配及有效协同的问题。

一、逻辑悖论：结构性冲突致使两套机制相互排斥

现实中，纵向层级化秩序整合机制与横向网络化秩序协调机制很难实现有效匹配，存在结构性问题，两套机制因为不同的利益诉求互相排斥。

传统的体育行政管理体系是纵向层级秩序机制，在体育行政管理部门单一基础上利用一元行政权力实现从上到下的协调，表现出复杂的行政组织机构和封闭的治理体系。这一形成于计划经济时期的体育管理体制和运作机制的主要特征是以政府为单一主体包揽各种体育事务，以行政指令为基本手段配置体育资源，以条块分割的方式实施分而治之的管理，并形成了垂直的、自上而下的体育资源配置系统和"分散的集权主义"。[1] 而多主体参与的横向网络化秩序协调机制，则是一种建立在多中心基础上的开放式协调机制，它

---

[1] Kenneth Lieberthal. Governing China: From Revolution Through Reform 2nd Edition [M]. New York: W. W. Norton & Company, 2004.

依赖于各个参与主体之间的信息交换、协商和谈判，以构建跨利益群体、跨组织的多方一致的秩序；强调多元主体的协同发展。在权力运行环境方面，纵向层级化秩序整合机制需要在一个相对封闭的组织环境和命令执行体系之下才能有效发挥作用；横向网络化秩序协调机制则要求在开放的环境中实现多元主体的合作交流。在权力运行向度方面，纵向层级化秩序整合机制的权力运行向度是自上而下的；而横向网络化秩序协调机制的权力运行向度更多是平行的。在作用范围方面，纵向层级化秩序整合机制所涉及的范围以政府权力所及的领域为边界；而横向网络化秩序协调机制所涉及的范围则以公共领域为边界，后者比前者的作用范围更为宽广（表3-4）。所以，从资源配置模式、组织结构、权力运行环境、权力运行向度、作用范围等角度来说，两种协调机制所需的组织条件和作用机制是相互排斥的。

表3-4　两种协调机制运行机理比较

	资源配置模式	组织结构	权力运行环境	权力运行向度	作用范围
纵向层级化秩序整合机制	集中配置	科层制	封闭	自上而下	政府权力所及领域
横向网络化秩序协调机制	分散配置	网络式	开放	自上而下+平行	公共领域

政府层级化的纵向秩序整合机制与社会网络化协调机制之间的结构性冲突阻碍了双方良性互动的进程，如果处理不当，往往引发严重的治理失败[①]。所以，化解政府与社会之间的潜在冲突，是治理体系建设中的重要挑战，是推进多主体良性互动的重要前提。

---

① 汪锦军. 纵向政府权力结构与社会治理：中国"政府与社会"关系的一个分析路径 [J]. 浙江社会科学, 2014 (9)：128-139.

二、实践困境：横向网络化秩序协调机制参与缺失

第一，纵向层级化秩序整合机制及其惯性挤压了横向网络化秩序协调机制的发展空间。(1) 在传统"分散的集权主义"下存在的部门协调困难和信息传递困难问题，借助科技手段得到了明显改善，在很大程度上强化了纵向层级化秩序整合机制。(2) 既得利益集团对现存制度的强烈需求阻碍了体育治理改革。在体育管理体制改革过程中，改革行为实施者对新管理模式的认知水平、态度及由此形成的主观抉择成为影响改革的关键因素。所以，以既得利益集团为主导推动的以体育资源的占有和分配为核心的体育治理改革进程缓慢。社会和公众呼吁多年的全国性体育单项协会实体化仍处于"深入学习文件精神"及参与试点等初期阶段。按照《行业协会商会与行政机关脱钩总体方案》部署，全国性行业协会商会先后于 2015 年 11 月、2016 年 6 月、2017 年 1 月开展了三批脱钩试点；共有 28 家全国性非奥运项目协会参与了三批试点，报送了脱钩实施方案，完成脱钩（表3-5）。相关部门甚至以"奥运项目单项体育协会不同于一般的行业协会和商会，承担着奥运争光的艰巨任务"等为借口，拖延运动项目协会与体育行政管理部门的"脱钩"进程。(3) 体育资源的行政垄断导致体育社会组织无法独立出来。为适应体育产业市场化发展趋势，自全国性单项运动协会成立后，各地也纷纷成立了相关组织，弥补了"形式"上的不足。但是，这些协会诞生于计划经济向市场经济转轨的特殊时期，管理上实行民政机关登记、挂靠机关主管的双轨制[①]。以往依附于运动项目管理中心的"半官方化"的运动项目协会，缺乏现代社会组

[①] 李斌. 行业协会，"脱钩"才能正名 [N]. 人民日报，2015-11-30, 05.

织应有的民间性和独立性，也缺乏自身独立生存和成长的空间，体育社会组织积极参与的多元治理格局很难形成。所以，行政惯性、利益瓜葛等使得纵向秩序层级化整合机制不断地进行着自我的强化，并渗透到了体育管理实践和体育社会生活的各个角落，带来了底层活力不足、封闭性强等弱点①；限制了体育社会组织的生存和行动空间，更严重阻滞着体育治理的横向网络化秩序协调机制的形成。

表3-5 参与全国性行业协会商会脱钩试点的体育行业协会

序号	行业协会商会	业务主管单位	备注
1	电子体育协会	体育总局	
2	全国体育运动学校联合会	体育总局	
3	中国兵器工业体育协会	体育总局	
4	中国大学生体育协会	体育总局	
5	中国化工体育协会	体育总局	
6	中国火车头体育协会	体育总局	
7	中国煤矿体育协会	体育总局	
8	中国企业体育协会	体育总局	第一批
9	中国少数民族体育协会	体育总局	
10	中国石油体育协会	体育总局	
11	中国体育场馆协会	体育总局	
12	中国体育集邮与收藏协会	体育总局	
13	中国体育用品联合会	体育总局	
14	中国中学生体育协会	体育总局	

---

①周晓虹. 社会建设：西方理论与中国经验［J］. 学术月刊，2012，44（9）：5-15.

续表

序号	行业协会商会	业务主管单位	备注
1	中国信鸽协会	体育总局	
2	中国风筝协会	体育总局	
3	中国健美协会	体育总局	第二批
4	中国龙狮运动协会	体育总局	
5	中国老年人体育协会	体育总局	
1	中国汽车摩托车运动联合会	体育总局	
2	中国台球协会	体育总局	
3	中国体育舞蹈联合会	体育总局	
4	中国拔河协会	体育总局	
5	中国龙舟协会	体育总局	第三批
6	中国门球协会	体育总局	
7	中国飞镖协会	体育总局	
8	中国毽球协会	体育总局	
9	钓鱼运动协会	体育总局	

第二，横向网络化秩序协调机制的制度性缺位。由于体育行业的某些特殊性以及我国体育法治建设的硬件和软件均不太健全[1]，缺乏专业性、全局性、制度性的顶层设计与规范等，束缚和限制了各类体育社会组织和企业参与体育治理。(1) 体育法律法规尚不健全与法规执行不力并存。我国体育事业发展，还主要依靠规范性文件及政策来调整，其法治状况不容乐观。现有体育法规政策法律位阶较低，现有政策法规中95%以上都是由国家体育总局和其他政府部门颁布的各项规章[2]。从《关于体育体制改革的决定（草案）》

---

[1] 于善旭. 论法治体育在推进体育治理现代化中的主导地位 [J]. 天津体育学院学报，2014，38（6）: 1-6.
[2] 戴健，张盛，唐炎，等. 治理语境下公共体育服务制度创新的价值导向与路径选择 [J] 体育与科学，2015，35（11）: 3-12.

(1986年),到《关于中国拳击协会实体化的通知》(1990年),到《国家体委关于深化体育改革的意见》(1993年),到《行业协会商会与行政机关脱钩总体方案》(2015年),再到《关于印发中国足球中长期发展规划(2016—2050年)的通知》(2016年),我国运动项目协会实体化的改革是政府自上而下以行政命令和通知等方式推行的。一方面,这些关于体育发展改革顶层设计的行政命令往往只是原则性和方向性表述,不但使改革措施难以长期持续,而且实际落实完全仰仗相关职能部门,改革的效果大打折扣。而且,我国在国家民政部门登记注册的1.4万个体育社团的社会主体地位相对较弱,在促进体育产业发展和落实产业政策中的组织作用难以充分发挥战略相配套的发展意见等①。(2)国家层面专门法律严重缺失,严重滞后于体育治理改革进度,无法满足当今大众需求,存在监管不力、问责模糊的问题。现存体育法规受制于其颁布的特定发展时代和社会环境,在经济社会变革和体育事业发展的市场化和社会化背景下,暴露了许多问题。比如,我国《体育法》颁布以来,与其配套的其他法律法规建设也需要再进一步完善②;在《全国体育竞赛管理办法(试行)》《体育总局关于推进体育赛事审批制度改革的若干意见》(体政字〔2014〕124号)、《体育总局关于印发〈全国性单项体育协会竞技体育重要赛事名录〉的通知》(体政字〔2014〕125号)、《体育赛事管理办法》(体竞字〔2015〕190号)、《体育总局关于印发<关于进一步加强体育赛事监管的意见>的通知》(2018年4月28日)等文件基础上国家体育总局于2020年初发布了《体育赛事活动管理办法》,该办法的发布让"竞赛表

---

①姜同仁. 新常态下中国体育产业政策调整研究[J]. 体育科学, 2016, 36(4): 33-41.
②花勇民,布特,侯宁,等. 体育社会化改革的回顾和反思[J]. 北京体育大学学报, 2015, 38(12): 1-9.

演业的市场化发展迈出了一大步"① 另外，现有制度对于激励多元主体参与体育事业发展等方面缺乏顶层设计，无法起到很好的协同作用。（3）缺乏法治基础，既没有完善的法律来作为行政机构的权力工具，也没有以法律的形式和法律的精神来巩固政府机构改革的成果②，使行政机构本身也受到法律的限制。"人治""以权代法""潜规则"仍有市场③。不仅造成运动项目发展资源垄断，滋生官僚主义作风、权力寻租与腐败等，还难以克制行政力量的无限自我强化以及排斥社会性参与的冲动，更难以实现纵向层级化秩序整合机制与横向网络化秩序协调机制间有效匹配。

第三，纵、横秩序整合机制的结构性断裂。（1）体育行政管理的碎片化困境引发传统体育行政管理主体之间和体育行政管理部门内部的相互割裂问题。由于条块分割，"政府权威体系的碎片化"④，传统体育管理模式面临着：区域体育行政管理部门之间、垂直体育行政管理部门之间、体育行政管理部门与地方政府其他部门之间的机构重叠、职能不清、部门林立、职责交叉、权责脱节、政出多门的问题。普遍的权责分割不清和功能重叠，侵蚀着体育公共服务能力和治理水准，使体育行政部门既难以实现有效管理，也难以优化系统内部的运行过程和效率。如《中国足球中长期发展规划（2016—2050年）》等文件的执行需要国家发展改革委、中国足球协会、国家体育总局、教育部等多个部门的协调与配合，但是，该文件只是细数了各个阶段中国足球事业发展的主要目标、主要任务、保障措施等，并指出"发展改革委、国

---

① 丰佳佳.《体育赛事活动管理办法》为竞赛表演业发展护航［N］.中国体育报，2020-03-27（001）.
② 何颖.中国政府机构改革30年回顾与反思［J］.中国行政管理，2008（12）：21-27.
③ 颜天民，高健.法治体育：体育治理的理念变革与进路探索［C］.第十届全国体育科学大会论文摘要汇编（二），2015：1513-1515.
④ 吴兴智.国家、组织化与社会秩序——当前我国社会发展模式再思考［J］.上海行政学院学报，2013，15（1）：81-89.

务院足球改革发展部际联席会议办公室（中国足球协会）、体育总局、教育部等负责本规划的监督检查"，合作机制如何建立，如何实现各个部门间的有效协调等尚不明确。（2）体育社会组织与体育行政管理部门之间关系断裂问题。在我国长期推行的高度一元化的体育行政管理组织和领导体制下，各级体育行政管理部门是决定体育改革的主要力量。但在治理模式由传统的高度集权体制走向政府主导下多元化治理模式进程中，由于体育社会组织的主体性没有得到确定，体育社会治理的正式和非正式网络尚未建立，体育社会组织与行政机关的新型合作关系也无法建立，继而产生了纵、横秩序整合机制的结构性断裂。

近年来国家颁布的《体育发展"十三五"规划》等主要文件明确了体育发展的改革方向和重点等战略问题，但各项体育改革纲领性措施的具体推进，既需要行政管理部门之间的协调与配合，也需要多元治理主体的协同合作。所以，体育治理改革的理论研究亟须回答不同的协作机制如何有效配合的问题。

第三节 不能回归生活世界：体育生活及实践缺失

根据马克思"不是人们的意识决定人们的存在，相反，是人们的社会存在决定人们的意识"[①]的基本论断和"思想、观念、意识的生产最初是直接与人们的物质活动，与人们的物质交往，与现实生活的语言交织在一起的"[②]

[①] 马克思.《政治经济学批判》序言 [EB/OL]. http://marxists.anu.edu.au/chinese/marx/06.htm.
[②] 中央编译局. 马克思恩格斯选集（第1卷）[M]. 北京：人民出版社，1972：30.

的观点，人们的存在就在他们的实际生活过程决定其意识及心态的发展。另外，"每个民族的道德准则都是受他们生活条件决定的"[1] 表明，社会不是一种单纯的正态分布，而必须凝结成为公共性的神圣与世俗相交织的生活系统，才能够获得其规范根据。所以，体育应该首先融入大众生活，成为生活中不可分割的部分。但由于大众"体育生活"现实条件的缺失，导致对竞技体育认同度不高。主要体现以下几方面。

第一，青少年的体育参与危机。体育公共生活及公众体育实践缺失，直接表现为体育的参与危机，即体育尚未融入社会大众的日常生活。生活，即是人的生存活动及生存状态。生存活动是指包括维系个体生命和延续生命的活动、生产活动、社会交往活动、学习等在内的人在生存状态下所从事的个体性及社会性活动；生存状态是指对于自身生存状态的自我感受和自我评价。对于人类整体来说，这是一个历史久远的、不断走向自觉的、无限积累发展的提升过程。[2] 校园足球等日常性体育参与行为在日本足球的发展中功不可没，日本的校园足球最初的目标是培养青少年对足球的兴趣，使之融入学习生活当中，最终日本国家队有一半的球员来自校园足球。另外，巴西之所以长期处于国际足坛前列，是因为足球已经完全融入了国民生活，代代相传。而我国足球发展之所以停滞不前，就是因为"体育生活"理念的缺失，而其他运动项目竞技体育运动训练、人才培养领域出现的人才短缺、"玻璃娃娃"增多等问题的根源在于体育尚未成为青少年日常生活的一部分。

第二，运动休闲的生活方式缺乏群众基础。体育是可以把人的生存需要、发展需要和享受需要有机地统一起来的生活本质。体育的重要性人人皆知，

---

[1] 涂尔干. 社会分工论 [M]. 渠敬东, 译. 北京：生活·读书·新知三联书店, 2017.
[2] 夏之放. 日常生活批判理论与掌握世界的方式——从衣俊卿"回归生活世界的文化哲学"说起 [J]. 东方论坛, 2007（5）：24-29.

但遗憾的是,体育尚未走进社会大众的日常生活且没有成为社会大众生活中不可或缺的因素。有数据显示,我国有34%的人口为"体育人口",但仔细分析会发现,这些所谓的"体育人口"中,除去在校大中小学生和退休人员,25~55周岁中青年所占比重较少。个人原因、社会原因等多方面因素影响和制约了中青年群体以各种形式参与体育;在运动休闲方面"动机限制、态度限制、认知限制、诱导限制、结构限制"等因素成为限制中青年休闲体育参与的最主要因素[①]。

第三,体育服务消费习惯尚未养成。生活方式影响和制约着人们的竞技体育消费行为。社会大众体育消费心理和消费习惯不仅与物质财富相关,还与体育认知、价值观、生活方式有关,影响了竞技体育及体育产业的发展。职业体育市场领域出现的盈利能力不足问题根源在于社会大众的体育消费习惯和消费心理的问题。调研显示,"作为发展与享受型消费的体育消费支出在城镇居民的日常消费支出中所占比例仍然处于较低水平"[②];居民体育消费主要是实物型体育消费,服务型体育消费占比较少,"体育消费结构存在失衡问题"[③]。根据国家体育总局、国家统计局联合发布的2018年度体育产业统计数据:2018年,全国体育产业总规模(总产出)为26579亿元,增加值为10078亿元。其中,体育服务业保持良好发展势头,增加值为6530亿元,在体育产业中所占比重达到64.8%。[④] 然而,社会大众体育服务消费习惯尚未养成,购买体育服装、鞋、帽、体育健身器材等实物型体育消费仍占体育消费

[①] 王涛. 城市中青年休闲体育生活方式论析——以广州、深圳为例 [J]. 山东体育学院学报,2016,32 (3):53-58.
[②] 李伟平,权德庆,蔡军,等. 西安市城镇居民体育消费结构及其特征研究——基于数据挖掘的视角 [J]. 体育科学,2013,(33) 9:22-28.
[③] 王乔君,童莹娟. 长三角城市居民体育消费结构研究 [J]. 体育科学,2013,(33) 10:52-62.
[④] 王辉. 我国体育产业规模迈上新台阶 [N]. 中国体育报,2020-01-21 (001).

的主要位置。

[**本章小结**] 一方面，政府主导、社会积极参与的我国青少年体育治理体系已初步建立，政府、社会、个人等多元主体协作让我国青少年体育呈现良好发展势头。另一方面，我国青少年体育治理体系还要破解：青少年体育治理体系纵向层级化秩序整合机制与横向网络化秩序协调机制之间相互匹配及有效协同的问题和青少年体育不能回归生活世界、青少年体育生活及实践缺失问题。

第四章 经验借鉴：美国青少年体育治理及启示

[**本章提要**] 美国高度重视青少年体育工作，其在青少年体质管理与健康促进、青少年体力活动干预及青少年体育治理体系建设等方面的做法颇值得学习。系统、科学而多样化的青少年体质监测模式为青少年体育治理提供了科学依据。多方面积极参与的青少年体力活动干预及管理方式为青少年体育治理注入活力。美国青少年体育治理体系的有效运转主要依赖于：政府对青少年体育工作的主导、运动项目协会及非营利性体育组织及其他机构的积极参与、青少年体育与学校教育的紧密结合。美国青少年体育治理为我国提供了宝贵经验：要一如既往地发挥政府体育及教育等各部门的主导作用，要发挥青少年体质监测的作用，要积极激发大学等研究机构对青少年体育的贡献，要积极开展青少年体质监测的相关科学研究，要以学校青少年体育为主要阵地开展学校体育教学改革，要强化青少年多样化的体育参与行为。

第一节 美国青少年体质促进及变迁

美国青少年体质健康方面问题的出现要比我国早很多年，这些问题引起美国政府和国会的高度重视，投入了大量的经费支持科学研究，在体质健康促进的测试和体力活动干预两个领域取得了丰硕的成果。

一、美国青少年体质测试的沿革

体质测试本身不会改变青少年体质健康状况，但是，会对青少年体质健康状况的监控起到极为重要的作用[1]。体质测试的目的是了解和掌握广大青少年的体质健康状况，并为制定和采取科学而行之有效的干预措施提供参考和依据。

（一）测试理念演进

美国学生体质测试理念经历了从与运动技能（Motor Ability）相关到与健康相关（Health-related）的体质测试的转变过程。与健康相关的体质，即为增进健康和预防某些疾病有特殊作用的素质。也就是说，美国学生体质测试随着人们对体质内涵的理解而经历了由掌握运动的基本必备素质，逐渐扩大到身体健康所必需的肌体适应能力的变化过程。

---

[1] Zhu, W. A multilevel analysisi of school factors associated with health-related fitness. *Research Quarterly for Exercise and Sport*, 1997, 68: 125-135.

1958年青少年体质测试（Youth Fitness Test，YFT）测试内容：体育教育目标、运动技能目标、体适能目标、军事基础目标四个方面的内容；1976年修订后的青少年体质测试增加了测试有氧运动能力的相关项目。1973年德州体质健康与运动能力测试（Texas Physical Fitness – Motor Ability Test，TPFMAT）将测试分为运动能力和与健康有关的体质两个方面，对前期偏重于运动能力的学生体质测试的种种问题进行了修正。其中，与健康有关的体质测试对于美国青少年体质测试工作乃至体育教育都具有重要的里程碑意义。该理念认为，运动素质对运动员来说是十分重要的。而健康素质是每个人都需要的。并适应大众健身需要，大力推广与健康相关的体质测试，取得显著的社会效应。受体质健康与运动能力测试（TPFMAT）影响，美国健康、体育、娱乐和舞蹈联盟（American Alliance of Health Physical Education, Recreation and Dance，AAHPERD）于1980年推出了与健康有关的体质测试（HRPFT），该测试项目还首次引入了体成分测试的相关项目[1]。美国的体质测试与大众健康评价相结合，体育测量也走出实验室、走向大众，得到了社会的广泛认可。

（二）测试系统的更新

早在19世纪80年代后期，美国就有许多学校进行了体能测试（Fitness Test）；1954年对青少年进行的克劳斯·韦伯（Kraus Weber）测试的检测结果引起当时艾森豪威尔总统与美国政府的高度重视，很快把这次事件定位为国家危机。从1958年美国健康、体育、娱乐和舞蹈联盟发布的第一套全国青年

---

[1] American Alliance for Health, Physical Education, Recreation and Dance. (1984). *Health related physical fitness technical manual*. Reston, VA: Author.

体能测试（Youth Fitness Test）[①]至今，美国的青少年体质测试经历了巨大变革：测试内容和测试项目几经修订，评价方法和标准也经历了巨大转变。1982 年，库珀学院（Cooper Institute）开发了青少年体质测试项目（Fitness Gram，FG），旨在为体育教师提供一个向教师、学生和家长反馈学生体质水平和健康状况的系统[②]。1986 年美国有关研究人员进一步开发了青少年体质测试项目（Youth Fitness Test，YMCA）[③]，这是美国最新的青少年体质测试系统。

（三）评价标准的演变

当前，美国普遍存在的青少年体质测试评价标准有：常模参照性评价、标准参照性评价以及这两种评价相结合的评价。

常模参照性评价（Norm-referenced），是测试者通过考试结果对受测者个体的体质成绩与某一个特定群体做比较，从而确定这一特定群体中受测者个体之间体质的差异。

标准参照性评价（Criterion-referenced），是测试者通过测试结果对某个学生的体质状况与预先设计的目标标准做比较，以此来衡量该个体的体质状况是否达到该标准。标准参照性测试只考虑受测个人在测试中的表现，不考虑测试中其他受测者的表现，不做受测者个体之间的差异比较，它所注重的是将受测者参与体质测试时的表现扩展到更广泛的行为范围。

[①] Morrow, James R., Jr.; Zhu, Weimo; Franks, B. Don; Meredith, Marilu D.; Christine Spain, 1958-2008: 50 Years of youth fitness tests in the United States. *Research Quarterly for Exercise and Sport*, Mar 2009, Vol 80 No. 1: pp1-11.

[②] Sharon A. Plowman, Charles L. Sterling, Charles B. Corbin, Marilu D. Meredith, Gergory, J. Welk, and James R. Morrow, Jr. The History of FITNESSGRAM [J]. *Journal of Physical Activity & Health*, 2006, 3 (Suppl. 2), S5-S20.

[③] Franks, B. Don. *YMCA youth fitness test manual*. Champaign, IL: YMCA of the USA.

当某一个参照群体都是处于"健康"的状态，常模参照性评价就是一个简单易行且有效的评价方式；但在参照群体的健康状况都被打折的情况下，标准参照性评价就更为科学有效。

在评分方法上，采用常模参照性评价和标准参照习惯评价标准结合的评价方式，能快速判断被测个体某一指标的水平是否适宜，而且能判断个体与他人的差距如何，并决定是否参加锻炼等。这种评价方法有众多可借鉴之处。今日健康青年（Fit Youth Today，1986年）是第一个采用标准参照性评价标准的体质测试系统。

二、青少年体力活动干预

体力活动干预是美国的青少年体质健康管理的一个极为重要组成部分，是提高青少年体质和解决"未来健康问题"的重要途径。青少年体质下降已是"世界性"的全球问题，减少静态生活、增加体力活动可以改善青少年的健康状况[1]。美国总统挑战健身计划（the President's Challenge）[2]，致力于让所有美国青少年把体育运动当作日常生活的一部分。该健身计划促使人们，通过体育运动改善健康状况。美国总统挑战健身计划包括：积极生活方式计划（Active Lifestyle Program，AFP）和总统冠军计划（Presidential Champions Program，PCP）。积极生活方式计划教导参与者如何坚持体育锻炼、制定可实现的运动目标，争取养成终身体育的习惯。为了鼓励群众的积极参与，进行

---

[1] Sigmund A. Anderssen, Ashley R. Cooper, Chris Riddoch. Low cardiorespiratory fitness is a strong predictor for clustering of cardiovascular disease risk factors in children, age and sex. Eur J Cardiovasc Prev Rehabil. 2007 Aug; 14 (4): 526-531.

[2] President's Council on Physical Fitness and Sports. (1987). The President's Challenge. Washington, DC: Author.

日常锻炼时，如果超过了每日活动目标（成年人每天 30 分钟，18 岁以下每天 60 分钟），每周至少 5 天，坚持 6 周，就可以赢得总统积极生活方式奖（PALA）。根据总统冠军计划的相关规定，参与者的每项体育锻炼（或消耗的能量）可以转换为一定数量的分数，参与者不断挑战自己，赢取更多的分数。因此活动越积极，赢得的分数也就越多，参与者越有机会获得奖项。1999 年库珀学院开发了与青少年体质测试项目配套的集青少年体力活动监控和干预为一体的青少年体力活动项目（ACTIVITYGRAM，AG），开辟了青少年体质健康管理的新局面，为美国青少年体质健康管理做出了重要贡献。

（一）倡导有规律的体育运动

体育锻炼已成为青少年增强体质和健康促进的最积极有效的方法。有规律的体育运动对于青少年的体质健康有着诸多好处。研究表明，有规律的体力活动可以增进青少年身体健康水平，改善其身体机能[1]。坚持有规律的体育运动能改善骨骼肌、血管和免疫系统功能，预防肥胖，还能收到提高人的心理认知等其他方面的健康效应。所以，美国积极倡导青少年有规律地参加各类体育运动。

2008 年美国健康与人类服务部（Department of Health and Human Services，HHS）发布了《2008 美国国民体力活动指南》（2008 Physical Activity Guidelines for Americans）。该指南针对青少年儿童等七类人群提出了具体的锻炼建议，即 7~18 岁青少年应该每天参加 60 分钟以上的体力活动。体力活动的项目主要包括：（1）有氧运动。每天 60 分钟的运动中，应同时包括中等强度和大强

---

[1] USDHHS. Physical activity and health: A report of the Surgeon General. Atlanta GA: USDHHS, CDC, National Center for Chronic Disease Prevention and Health Promotion, 1996.

度两个强度等级的有氧运动。其中，大强度运动每周不少于 3 次。（2）强健肌肉的运动。每天 60 分钟的运动中，应该包含强健肌肉的运动项目，而且该类型的运动每周应不少于 3 次。（3）强健骨骼的运动。每天 60 分钟的运动中，应该包含强健骨骼的运动项目，而且该类型的运动每周应不少于 3 次。[①]该指南对督促和指导美国青少年参与各类体力活动及健身运动，以促进身体健康水平有重要的指导作用。

（二）避免坐式生活形态

近几年北美及西欧许多国家除了持续关注运动促进健康外，同时也关注到坐式生活形态（Sedentary Lifestyle）的危害性。除了学校教育及课外学习需要久坐外，青少年常见的坐式行为包括：看电视、玩电脑及上网、打游戏（含使用手机）等。

为了避免青少年的坐式生活形态，研究机构制定出一个详细的学生体育运动及体力活动追踪与反馈系统。它将体力活动分为四个等级、六类，并用"体力活动金字塔"[②]（图 4-1）来表示。学生每天除了必要的体育运动锻炼之外，还参与各类与生活相关的身体活动中，减少屏幕前时间（Screen Time），避免久坐带来的危害。

[①] HHS. 2008 Physical Activity Guidelines for Americans. 2008, 10, 7.
[②] Corbin CB, Lindsey R. Fitness for Life. 4th ed. Champaign, IL: Human Kinetics; 1995.

体力活动金字塔顶层：做家庭作业、阅读、玩电脑、看电视、吃饭、聊天、睡觉等

体育层：瑜伽、太极拳、芭蕾舞、拉伸运动等；体操、举重、田径运动、健美操、摔跤、武术等

肌肉活动、柔韧性活动

有氧运动、有氧活动：球类运动、体育课上的其他有氧运动等；有氧舞蹈、体操、体育课上的有氧运动及其他有氧跑步、溜冰等

与生活有关的身体活动：走路、骑自行车、玩滑板、做家务、打扫庭院、做游戏、跳舞及其他

图 4-1 体力活动金字塔

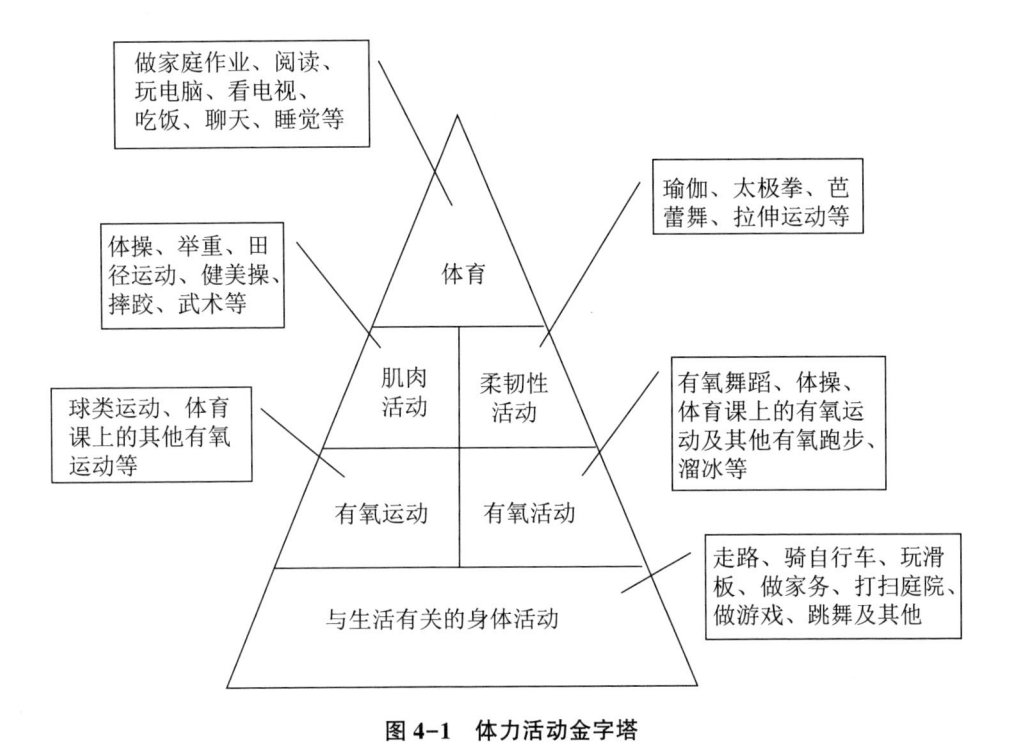

（三）营造良好体育运动氛围

美国青少年体质干预工作形成了一个政府、学校、社会组织、家庭无缝连接的组织支撑网络，为青少年体育锻炼创造良好氛围。

第一，美国政府采取多种手段和措施为青少年参与体育锻炼提供保障条件，如修建运动场、购置运动设备和器材等。第二，学校体育组织在青少年体育运动促进和健康干预方面起到非常重要的作用。除了体育课和课余的运动锻炼之外，美国各级学校的学校体育俱乐部、校际运动管理机构、州高中协会联合会等都对青少年体质健康管理发挥着重要作用。第三，多元化的社会体育组织是美国青少年体育活动的保障。美国形成了一个由公共财政支持的社区组织、公共非营利性社区组织、私有非营利性体育组织、私有营利性

俱乐部等社会组织构成的青少年体育参与的组织体系。各个体育组织之间存在差异性和互补性，各有特色地为青少年提供了多样体育项目。第四，美国家长非常重视子女健康，认为良好的身体素质是决定一切的基础。家长对青少年体育运动积极支持主要表现在两个方面：一是家长自己积极参加体育活动，给孩子直接的行为影响和示范；二是通过自己对孩子参加体育运动表示的极大兴趣，亲临现场给予孩子们必要的鼓励或者指导，从而促进孩子积极参与体育运动。

第二节　美国青少年体质促进体系特征分析

一、政府主导青少年体质健康管理

美国是重视国民体质研究的国家，政府对于青少年体质健康管理起到了主导的作用。政府作为教育经费的主要投入者，根据国家需要对学校体育和青少年体质状况进行监督和管理。

1954年成立了"青年体适能总统委员会"（President Council on Youth Fitness），作为促进青少年体质的领导、协调机构，致力于提高美国国民的运动能力和体质。此外，美国政府在促进青少年体质健康方面采取了许多开创性的措施，如举行美国青少年体质总统研讨会、建立美国青年体质公民咨询总统委员会、通过业余体育法、建立州长健康委员会、建立国家冠军计划、召开青年体质会议、出台纽约行动计划、进行首次全国范围的青少年体质测试、发行出版物、设立总统积极生活方式奖（PALA）等。美国各届政府对于青少年体质健康管理和干预的政策和做法，在很大程度上促进了美国青少年体质的提升。

一方面，政府体育和教育机构长期致力于青少年体质健康管理工作。美国政府也很早就意识到，体育锻炼和健康知识是预防和治疗疾病的最重要手段[1]，故加大了对体育教育和体质健康监测的管理力度。美国教育部门通过健康、体育、娱乐和舞蹈联盟（AAHPERD）制定《美国青少年身体素质测验标准》。健康、体育、娱乐和舞蹈联盟及其下设的协会和分支机构，能独立自主地开展有针对性的研究。他们的研究成果为美国国家和各州体育标准的制定提供了方向和依据，为美国青少年体质健康管理工作提供知识和技术支持，为青少年体质健康管理工作做出了突出的贡献。另一方面，通过制定青少年体质健康管理的政策来引导学生体质测试和健康干预工作。20世纪50年代中期的一次青少年体质检测结果引起当时艾森豪威尔总统与美国政府的高度重视，很快把这次事件定位为国家危机。美国的其他总统从卡特到布什都十分重视国家青少年体质健康问题，制定了一系列政策来鼓励美国人民参与体育锻炼，为此还设立了各种奖项（如总统积极生活方式奖）来奖励成绩突出和进步显著的青少年。

二、各类组织积极参与

美国政府与社会各界广泛合作，共同研讨解决青少年健康问题。1982年12月里根呼吁公民个人、市民团体、私营企业、志愿组织等积极支持和帮助、

---

[1] Courtney J et al. Vascular risks and management of Obesity in children and adolescents. *Vasc Health Risk Manag.* 2006, 2（2）：71-87.

鼓励社区娱乐、健身、体育参与项目的发展；协助各级教育机构和国家体育管理组织发展大众体育项目①。

美国有众多青少年体质研究和体育教育的独立研究机构，这些机构有着较高的权威性和独立性，以保证青少年体质健康和体育教育领域研究结果的客观性、科学性和公正性。独立专家组和科研机构在美国青少年体质健康乃至国民体质健康管理中发挥关键作用。一方面，体质测评专家和机构在学生体质测试内容确定、项目设置、体力活动干预等方面，提供充分和科学的信息。另一方面，专家和研究机构发布的关于青少年体质状况及问题等的研究报告，在社会上引起广泛重视，对学校、家长与学生的体育锻炼、体育课程设置和政府决策等产生重要影响。

体质运动与营养总统委员会（The President's Council on Fitness, Sports and Nutrition, PCFSN）长期致力于推进青少年保持积极而健康生活方式，倡导有规律的体力活动和营养均衡的饮食。健康、体育、娱乐和舞蹈联盟（AAHPERD）及其下设的7个协会和分支机构，能自主地、具有针对性地开展，并发展研究相应的学科理论。他们的研究为美国国家和各州体育标准的制定提供了方向和依据，为国家青少年体质健康管理工作提供知识和技术支持。北美的3000多个基督教青年会（YMCA）使200多万青少年有机会参加有组织的体育运动。另外，体质与运动总统委员会（The President's Council on Physical Fitness and Sports, PCPFS）、国际健身协会（The International Fitness Association, IFA）等机构也为青少年体质健康管理工作做出了突出的贡献。

此外，还极为重视专家组和研究机构的作用。独立专家组和科研机构在

---

①张宝强. 20世纪50年代以来美国促进学生体质健康的举措及其启示［J］. 体育学刊，2010，17（3）：52-56.

美国青少年体质健康管理中发挥关键作用。美国有众多青少年体质研究和体育教育的独立研究机构，这些机构有着较高的权威性和独立性，以保证青少年体质健康和体育教育领域研究结果的客观性、科学性和公正性。体质测评专家和机构在体质测试内容确定、项目设置、体力活动干预措施制定等方面，提供了科学的信息。专家和研究机构发布的关于青少年体质状况和存在问题的研究报告，对学校体育课程设置及政府决策等产生重要影响。

位于达拉斯的库珀有氧运动中心就为美国青少年的体质监测和体力活动干预做出了突出贡献，他们设计的青少年体质测试项目已成为美国三大青少年体质测试项目之一，此外，青少年体力活动项目正为美国成千上万的青少年的体力活动干预和促进工作提供服务和帮助，为家长和教师提供良好的参考和帮助。此外，还有囊括体育运动基本知识、学校体育课程设计、营养卫生等在内的青少年健康促进体系（Coordinated Approach to Child Health，CATCH）、SPARKPE等体育健康教育和课程开发项目。这些项目致力于为广大体育教师提供可参考的科学的学校体育课程设计方案，为青少年健康成长营造良好的环境。

三、与学校体育教育紧密结合

美国进行体质测试的指导思想是将其作为一种非限制性的手段，使之融入整个健康、健身教育的过程。为了增强青少年体质、促进学生身心健康，美国将体质研究工作的开展与个体的健康、学校体育课程、健身教育融为一体，使体育、卫生、保健、娱乐等几个方面的工作同步进行。其目的在于培养学生积极参加身体锻炼活动的生活态度，为终身体育、终身健康思想打下基础。美国体质研究紧密结合学校体育课程，在各州、各学校都实施具有地方特色的健身计划，从而推进国民健康。

"与健康有关的体育教育"理念目前被广泛应用于青少年儿童健康的干预研究。在与健康有关的体育教育理念下开发出来的中学体育活动和营养（Middle-School Physical Activity and Nutrition，M-SPAN）、积极生活方式教育项目（Lifestyle Education for Activity Project，LEAP）、追求健康（Go for Health）、青少年女孩活动轨迹（Trial of Activity for Adolescent Girls，TAAG）等体育课程已经在美国多个州推广[1]，用于教会学生习得和掌握保持健康生活方式和从事终身体育活动所需要的知识、技能、态度和行为，达到体育活动个性化、终身化的目的。

四、青少年体质健康管理的科学性

（一）重视测试技术手段的科学性

美国是经济和科学技术发达的国家，美国青少年体质测试充分应用了大型数据库、网络技术、超级计算机技术和通信技术，推进了青少年体质测试和体力活动干预技术手段的数字化和科学化。新技术使体质研究专家可以广泛储存各种学生体质健康信息，用数据库对各种指标进行数据处理，对学校或地区作广泛深入的统计分析和比较研究。配合新技术的发展，美国还进一步采用通用的评估指标体系，以提供各种关于体质健康的可比统计信息。

---

[1] 徐建刚，汪晓赞，邓勇建. 美国"与健康有关的体育教育"的发展及其启示［J］. 体育文化导刊，2013（9）25-28.

（二）青少年体质测试研究的系统性

美国的学生体质测试，从早期的人体形态、肌肉力量、心血管机能的测量，到后来的运动能力、运动技术、个性、情感等的测量，直至现在广为人知的体质测量，几乎涵盖了体育对人产生作用的各个领域。对于测试项目设定方面，相关研究专家进行反复论证，针对600码跑是否可以用于测试心肺功能，腹部肌肉力量测试到底用直腿仰卧起坐、屈腿仰卧起坐还是仰卧收腹起（Curl-up）等问题开展研究，为体质测试项目的设定提供系统而科学的参考和依据。

第三节 美国青少年体质健康促进对我国的借鉴价值

仔细分析美国青少年体质健康管理的历史沿革及显示特征，我们会发现，相比较而言，我国与美国在学生体质管理理念、方式和措施方面存有很大差异。因此，应从以下几个方面对我国学生体质健康管理进行重新认识，建构具有中国特色、充分借鉴美国经验和教训的、满足社会需求、富有成效的青少年体质健康管理体系。

一、充分发挥政府对青少年体质健康管理的引导作用

政府导向下的独立体质管理科研和科学而系统的体质测试是保障我国中小学生体质健康的重要外部性保障因素。为此，我国各级体育和教育行政部

门要高度重视青少年体质健康管理工作，加强领导，并采取切实有效措施推动青少年体质健康管理工作深入开展，确保青少年体质得到明显增强，并提升全民健康素质。

首先，确保政策措施落实到位。我们必须清醒看到，一些学校仍然存在片面追求升学率和"重智育、轻体育"的倾向，学生课业负担过重，部分年级学生休息和锻炼时间严重不足。确保政策措施落实到位，就是要确保各级各类学校要按照国家有关部门的决策部署，坚持不懈地推动青少年体育运动的发展，使青少年普遍达到国家体质健康的基本要求，并进一步提高青少年体质健康素质。其次，增加学校体育教育和科研投入。增加对体育教育经费的投入，对设施设备短缺给予必要的补给；加大对体育科研机构和个人关于青少年体质测试和体力活动干预相关研究的扶持和资助力度，促进学生体质检测和干预乃至学校体育科学研究工作。最后，增加师资和体育器材配备。按照《国家学校体育卫生条件试行基本标准》，小学和初中每6个班配备1名体育教师、高中（含中等职业学校）每8个班配备1名体育教师、农村中小学校（200名学生以上）至少配备1名专职体育教师的规定，目前全国学校体育教师，尤其基层中小学体育教师的缺口，超过20万人[1]。近年来，相关部门积极采取各种措施以解决体育教师"结构性缺编"的状况，但现实仍然严峻；而且，体育教师数量不足和教学能力下降，正是影响学校体育工作全面开展的制约因素之一。

---

[1] 郭剑. 全国教师资格考试不会因特殊情况"放宽"——退役运动员如何更好地填补体育教师缺口[N]. 中国青年报, 2019-10-29: 4.

二、改革学生体质测试

首先,改革体质测试观念。各国体质研究的最终目的都转向全民健康,我国青少年体质测试和体力活动干预要树立"健康第一"的指导思想,在体质测试中重点突出与健康密切相关的测试项目。目前,普遍认为身体成分、心血管系统的功能水平、肌肉的力量和耐力是影响人体健康水平的主要因素,也是影响人们学习和工作乃至提高未来生活质量的重要条件[1]。所以,身体健康素质这一概念及评价指标越来越多应用于我国的青少年体质健康测试及体力活动干预乃至全体人群的国民体质健康的评价之中。

其次,学习借鉴国外体质测试项目。青少年体质测试项目测试的渐进加速跑(PACER)测试项目能科学地反映人体的最大摄氧量和进行体育锻炼的最佳步频;不仅是从健康角度出发的体质测试标准,同时也可以作为日常体育锻炼的负荷标准,便于在体育锻炼中进行自我评价和指导[2]。此外,卷腹(Curl Up)测试也可以作为仰卧起坐项目的替代项目,颇值得我国借鉴。

最后,严格的体质测试手段,确保调查数据的可靠性。学生体质测试的意义就是通过在学生中进行体质综合评价的实践,使增强学生体质的任务变得更加客观和实际,体质评价的结果易于检查和对比,具有重要的信息反馈与调节功能,为实现增强学生体质的目标管理提供了可靠的依据。体质测试的手段和数据的真实和准确,切实反映我国青少年学生的体质健康水平,是搞好体质评价的重要前提和基础,为干预措施的制定提供支持。所以,我国

---

[1] 于可红,母顺碧. 中国、美国、日本体质研究比较[J]. 体育科学,2004,24(7):51-54.
[2] 姜志明,吴昊. 中日大学生体质锻炼与健康测试标准的比较研究[J]. 上海体育学院学报,2003,27(5):111-113.

学生体质测试过程中要注意测评过程中仪器、设备的精确性和先进性，提高测试精度和测试可靠性，操作时要严肃认真、实事求是，确保测试数据准确可靠，形成有价值的、可供人们进行比较研究的实证资料。

三、扶持独立研究机构

独立研究机构关于青少年体质测试等领域内的原创性科研成果将对我国青少年体质健康管理产生重要意义。体育教育管理部门，要加强与高校、研究机构的联系，发动社会力量参与学生体质测评和干预。

加强对独立研究机构和个人对青少年体质健康管理领域研究工作的技术扶持和财政支持，整合社会资源，建设主要由独立实验室、研究中心和研究所等组成的社会各界参与青少年体质健康管理研究工作平台。鼓励社会力量参与学生体质健康监测工作，科学而准确地分析青少年体质变化趋势和特点，设计科学的体质测评仪器及软件等。社会专家和研究机构可以通过承担研究项目、开展学术交流、设计和推广青少年体质测试方法等方式，参与青少年体质健康的调查研究，为体质测试技术创新作贡献，提出有针对性的对策建议，为教育、体育等有关部门开展学校体育工作提供参考依据，推动青少年体质各项工作的开展。

四、加强青少年体质健康科学研究

一方面，要建立适合中国人自身特点的健康标准。美国经过半个多世纪的探索和发展，制定出了符合其国情和经济社会发展水平的青少年体质测试指标、评价标准和相关干预措施。目前，我国关于这方面的研究还停留在参照国外的测试方法和标准上，缺乏系统性的有针对性的研究。加强我国青少年体质测试科研，就是要制定出适合我国多民族、生存环境条件、饮食习惯、文化习俗等学生体质测量方法和评价标准。

另一方面，构建多维度的复合质量指标和评估体系。我国学生体质测试的可靠性和评分方法方面都不同程度地存在一些争议和亟待解决的问题。我国的青少年体质测评，应在充分吸收借鉴包括美国在内的发达国家的经验的基础上，完善现有评估系统，并建立起具有我国特色的青少年体质评估体系和评估标准，以更好地满足市场需求，增强我国学生的体质健康状况，改善体育教育绩效。

五、深化学校体育教育改革

首先，落实关于学校体育和学生体质测试的相关政策。在"高考指挥棒"和"择校制度"下，我国学生大多都以牺牲体育课程来换取"高分"过关。所以，我国青少年体质健康管理，亟须贯彻落实学校体育的相关政策和措施，提高学校体育教育的质量，培养学生的体育参与兴趣，想方设法增加学生校内外体育活动时间，确保学生每天必需的体育锻炼时间，激发学生积极参与体育锻炼的热情，从而实现增强体质、促进健康的目的。

其次，在学校体育教育和体育课程目标中也要突出以健康为主线的领域目标。随着各国对健康问题的普遍关注和"体育为健康"口号的提出，各国体育课程的改革都突出增进健康的目标[①]。我国学校体育教育目标也要注重体

---

① 王家仁. 英国学校体育与健康教育研究 [J]. 体育教学，2006（2）：44-45.

能的增强，并在实际工作中予以落实。

六、强化青少年体力活动参与

"保证中小学生每天锻炼一小时"已经写入政府工作报告，学生的体育锻炼，已经上升至新的政策高度。为此，要进一步强化青少年的体育参与行为和体力活动总量。一方面，体育和教育等相关部门要切实抓好落实，切实推动青少年的阳光体育运动的开展；根据相关规定，开齐开足体育课程，确保各年级体育课程不被随意"挤占"。另一方面，家长也要转变育人成才的观念，转变思想，要树立不拘一格出人才的成才观念。避免学生的课余时间被各式各样的学习班和培训班侵占，鼓励子女积极参加体育锻炼、培养体育爱好和兴趣，培养德智体全面发展的年轻一代。

[本章小结] 以政府为主导、以社会为主体是美国青少年体育治理的主要模式；各类社会力量丰富的青少年体育产品和服务供给、充分发挥学校等的作用并切实增加青少年体力活动水平是美国青少年体育治理的关键。我国青少年体育治理体系建设可以从优化政府、社会、学校等青少年体育治理主体协作和发挥学校及相关社会力量作用、增加青少年体力活动等方面着手。

提升青少年体育公共治理水平的策略

[**本章提要**] 政府主导、社会积极参与的青少年体育治理体系已初步形成,关键是要提升我国青少年体育治理水平。提升我国青少年体育治理水平,需要多方面协作形成合力。既要推进政府权能重构,以便于多元主体参与青少年体育治理,要各类青少年体育社会组织独立与自主,要畅通青少年体育社会组织参与的渠道和合作机制,要完善相关政策为社会主体参与青少年体育治理提供保障,要发挥学校的作用,还要积极宣传教育引导社会大众思想观念的转变,为青少年体育发展营造宏观大环境。

第一节 政府权能重构:为多元主体参与体育治理创造条件

体育行政管理部门既是体育治理改革的执行者,也是改革的主要对象。首先,在体育治理实践中,到底是运用计划、市场还是行政方式,在很大程度上取决于政府选择;并且以政府为主导的自上而下的强制性制度变迁,是我国体育事业发展的关键力量。其次,横向秩序协调机制不健全、市场和体育社会组织的发育都尚不成熟，还不具备多元主体参与体育治理的条件。最后，政府、市场、社会组织等主体在体育治理体系中互为关联的要素，其作用的发挥互为进退；只有政府退出后，各类体育社会组织和市场力量才有发挥作用的机会。根据党的十八届三中全会通过的《中共中央关于全面深化改革若干重大问题的决定》（以下简称《决定》）关于"使市场在资源配置中起决定性作用和更好发挥政府作用"的重要论述，更好发挥政府作用是我国体育治理改革的必然选择。更好发挥政府作用，关键就是政府逐步退出直接参与体育资源配置，为市场发挥决定性作用释放空间，为其他社会主体参与体育治理创造条件和搭建平台。

政府权能重构，就是要发挥政府的主导作用推进体育治理改革，就是要按照公共治理的制度逻辑和行动逻辑对其自身及社会进行重新构建[1]，即缩小政府权力范围的同时提升政府体育治理能力，在限制体育行政权力的基础上强化政府体育公共产品的供给能力。所以，政府权能重构的关键就是建设"小而强的政府"[2]。这是一个体育行政管理部门扎实推进一个"自我革命"和"放权让利"进程。（1）通过下放、转移两条路径转变政府体育职能，实现体育行政管理部门向社会和市场"让利"；将适合由社会组织提供的公共服务和解决的事项和政府管不了、管不好、管不到、不该管的事情坚决地剥离出来[3]，交由社会组织承担。通过整合、加强两条路径，强化体育行政管理部门切实管好本该由自己管好的事，高效率高水平履行好体育发展政策环境营造、市场监管、社会管理、公共服务的职能。（2）要把推动社会体育组织发

---

[1] 王家峰，孔繁斌. 政府与社会的双重建构：公共治理的实践命题[J]. 南京社会科学，2010（4）77-83.
[2] Francis Fukuyama. Political order and political decay: From the industrial revolution to the globalisation of democracy [M]. Farrar, Straus and Giroux, 2014.
[3] 马庆钰. "十三五"时期我国社会组织发展思路[J]. 中共中央党校学报，2015，19（2）：58-64.

展和支持社会体育组织参与体育治理作为体育行政职能转变的工作目标,并与各类社会体育组织构建起良好的合作伙伴关系。即将政府部门"让渡"出来的各项职能,配置到企业、社会组织中去,实现有效衔接。

第二节 社会组织独立与自主:形成多主体协同参与体育治理格局

要形成多元主体参与体育治理的格局,要发挥体育社会组织承接政府部门"让渡"出来的权职的能力,关键是要确定体育社会组织在体育治理中的主体地位,并确保各类体育社会组织独立运作。因为,在体育社会主体缺位的情况下,多元体育治理体系建设和纵向层级化秩序整合机制与横向网络化秩序协调机制间有效匹配,无疑面临着无源之水的困境;没有活跃的体育社会组织、发达的社会体育部门,体育治理改革也会名存实亡,多元主体之间的协调机制就面临危机。所以,"在资源依赖与组织独立的困境中寻求一种有效的发展路径"[①],既是各类体育社会组织生存的策略选择又是它们参与体育治理、构建体育治理体系的关键。

首先,坚决推进运动项目协会脱钩。《决定》把"推进国家治理体系和治理能力现代化"作为全面深化改革的总目标,以政府简政放权为主线,对政府、市场和社会的边界进行重构,确立了社会组织在国家治理中的主体地位。所以,多元化体育治理网络建设也必须以体育社会组织"脱钩"和"独立运

---

① 薛美琴,马超峰. 社会组织的独立性:合法与有效间的策略选择[J]. 学习与实践,2014(12):81-87.

作"为前提；坚决推进运动项目协会脱钩进程，改革单位行政、事业、社团、企业四位一体的局面。只有确保体育社会组织的"独立性"和独立运作，这些组织才可以通过组织化促进理性表达，通过自发机制及时反映诉求，通过多方对话搭建协商平台，通过参与机制达成矛盾调解，通过自治机制进行危机预警，建立与社会组织规律相容的法治自治现代社会秩序①，以实现建立起多元组织之间、多元组织与行政管理部门之间的沟通与协调的目标。

其次，除了体育行政管理部门的"赋权"和"给予发展空间"以外，还需要形成一个体育社会组织及横向协调机制的自我支持和发展系统，即社会组织自我发展能力和协调能力建设。一方面，协会应遵循市场规律，运用经济手段进行项目体育资源配置，通过市场规律和市场机制引导运动项目发展；另一方面，通过建立完善协会内部的各项法规、制度，促进协会自我管理、自我约束机制的建立和运动项目依法治理水平的提升。

第三节　建立合作机制：为社会主体参与体育治理提供渠道

拓展各类主体参与体育治理的渠道，也就是要把体育行政管理部门和各类体育社会主体共同纳入一个协同治理的横向网络化秩序的框架之中，通过建立起体育社会组织与体育行政机关之间的合作关系，推进多层次、相互贯通的协同治理的良性互动机制构建。

一方面，通过法规和政策供给的方式构建起"脱钩"后政府与社会组织间的新型合作关系。主要包括：明确体育行政管理部门的监督职责、完善政

---

①马庆钰．"十三五"时期我国社会组织发展思路［J］．中共中央党校学报，2015，19（2）：58-64．

府购买体育公共服务政策措施等。脱钩不是一脱了之、放任不管。这就要求相关体育行政管理部门在脱钩后加快立法、健全综合监督体系、依法实现对市场和社会的监管，营造良好的体育市场环境；并将适合由社会组织提供的体育公共服务和承办的事项，交由体育社会组织承担。

另一方面，减少对社会和市场的行政干预。因为，用行政手段去干预体育市场行为，不仅妨碍市场公平竞争，而且人为地导致供求关系失衡和体育市场主体对行政力量的过度依赖。所以，对于运动项目协会等体育社会组织"脱钩"后可能面临的发育迟缓和资金匮乏等困境，体育行政管理部门也应减少对其进行直接资金扶持，转而通过加大政府体育公共服务购买力度等手段引导其转型发展，为其提供更大的舞台。具体而言，体育行政管理部门应该进一步健全政府购买体育服务体制机制，通过购买体育服务的方式，把适合由市场和社会承担的体育服务事项，按照法定方式和程序，交由具备条件的社会组织和企事业单位承担[①]。把短期、大规模的一次性投入，转化为长期、稳定的服务采购，变脆弱和偶发的合作关系为持久和长效的合作；有效解决短期内政府资金投入不足的问题，也能够有效引导更大规模的社会资金进入，进而逐步构建起多层次、多方式的体育服务供给与保障体系和多元体育治理格局。

第四节　坚持法治：为社会主体参与体育治理提供保障

《决定》提出："全面深化改革的总目标是完善和发展中国特色社会主义

[①] 国家体育总局. 体育发展"十三五"规划 [R]. 2016.

制度，推进国家治理体系和治理能力现代化。"福山（Francis Fukuyama）也认为，"治理"是政府制定和执行规则、提供服务的能力①。国家治理体系就是党领导人民管理国家的制度体系，国家治理能力就是运用国家制度管理社会事务的能力②。所以，体育治理就是运用法治思维和法律制度治理各项体育事务，即通过创造法治、问责制等制度以限制政府的自由裁量权③，来限制体育行政管理部门的掠夺性；体育治理能力提升，就是要通过制度的完善，推进体育社会组织的发展与发育，并为各类体育社会治理主体参与体育治理创造条件。因为，只有以"制度化"为基础，国家机构、各类社会组织和团体才会逐渐形成各自在社会建设中的角色预期④。唯有法治才能限制纵向协调机制的自我强化并转变权力运行失序的状态，完成纵向和横向协调机制间协同配合结构的构筑和发挥社会主体的能动性，进而朝着体育治理体系的现代化图景迈进。

首先，实现政府与市场、政府与企业关系的定型化、制度化⑤。简而言之，就是用法律的刚性手段划清各级体育行政管理部门、企业、体育社会组织之间的权利界限，实现体育行政管理责权的法定化；既有效规范和约束政府行为，又能够激发社会活力。宏观层面，要加强体育管理体制改革顶层设计及相关法规建设。推进体育行政职能转变、权力下放和转移的进程中必然会遭遇到重重阻力，唯有以法律的刚性手段明确体育行政权力范围和行使方式，唯有界定政府与市场行为边界，才能确保政府和社会对于体育的参与、

---

①Francis Fukuyama. What is governance? [J]. Governance, 2013, 26 (3): 347–368.
②吴汉全. 政府职能转变与权力制约机制建设 [J]. 南京审计学院学报, 2014 (2): 3-11.
③Mancur Olson. Dictatorship, Democracy, and Development [J]. American Political Science Review, 1993, 87 (9): 567-576.
④李友梅, 肖瑛, 黄晓春. 当代中国社会建设的公共性困境及其超越 [J]. 中国社会科学, 2012 (4): 125-139.
⑤迟福林. 转型中国的历史性抉择 [J]. 经济体制改革, 2015 (3): 5-14.

关注、投入更加积极主动，而且理性自觉。微观层面，要在借鉴文化产业等其他领域改革经验和参考国外体育发展模式的基础上，完善工商、税收、财政补贴等体育社会组织运营的制度法规建设，才能进一步规范体育市场秩序，切实维护消费者和各类体育组织与经营者的合法权益。其次，务实推动，确保多元主体对体育治理法规的普遍认同和遵从。最大限度地激发市场和社会的活力，关键是要确保体育行政权力在规定范围内的有效履行。唯有切实推进体育法治，才能够杜绝政府体育职能转变中的"事转权不转"、权利层级截留等问题，才能够为社会和市场的发展和发育提供机会和环境。最后，要加强和完善监督体系建设。用法律的刚性手段明确市场和社会在体育事业发展进程中对体育行政管理部门外部监督、问责，才能够对体育行政行为和活动产生实际的约束效用。此外，还要充分整合和发挥包括国家权力机关、司法部门、新闻媒介、人民群众等的监督作用，构建起对体育行政管理部门体育治理行为的多元立体的监督体系。

第五节　教育与学习：让体育教育成为青少年体育素养及心态生成与发展的关键

学校应依从体育心态的生发逻辑重建体育教育，让青少年学生成为体育生活的实质主体，为其体育心态生发提供现实基础。体育与教育的严重脱节，违背了人"全面发展"的理念。作为一种具有普遍教育价值的社会活动，体育有着不可替代的作用。随着经济社会的发展，我国竞技体育领域出现的问题"根源就是现行的'举国体制'脱离了教育的体系"[①]。另外，过分的功利意识使得教育严重异化，体育课程在被"边缘化"的同时，也失去了应有的社会认同价值，体育课程资源严重枯竭、失衡。[②] 依据解剖学、人体生理特点，通过徒手或借助器材进行的各种体操训练，不仅是我国体育教育中最早开设的项目，且实用性强、锻炼身体效果好，是实现体育与健康目标的一种手段。然而，调查表明，原本对青少年成长有重要作用的体操等项目已经消失在中小学体育教学中，学校体育教育也呈现出游戏化、简单化的趋势。所以，体育应该重新回归到新时期的教育，成为教育的一个重要组成部分，让竞技运动成为体育教育的重要内容并贯穿始终，并让学校体育教育成为青少年竞技体育心态生发的重要途径。具体而言，一是，要通过体育教育培养学生对体育的兴趣。兴趣是非智力因素中最活跃的因素，所以要让体育兴趣成为青少年积极探究体育的心理倾向，成为影响青少年学习体育的自觉性和积极性的重要因素。二是，培养学生自主参与体育的能力。通过体育课堂教学传授体育运动知识，通过练习强化运动技术并挖掘运动行为的潜能及课余体育参与等形式提升运动技能水平，让广大青少年学习掌握一个以上体育项目的科学运动锻炼技术和能力。体育运动锻炼技能是构成学生体育素养、自觉锻炼意识等体育心态的重要组成部分。当前，群众中出现的因盲目体育锻炼"无法得到质量保障而徒劳无功，严重者甚至使人身心遭受损害"[③] 都与体育知识及技能缺失有关。三是，以他人乐于接受的方式，通过"身体"这个媒介，将体育及体育文化渗透在成熟的教育思想[④]中，使竞技体育的相关作用得

[①]毛振明，查萍．对我国竞技体育"举国体制"的理性思考——激情后的冷静，辉煌下的问题：北京奥运会后的思考［J］．北京体育大学学报，2008，31（12）：1701-1703．
[②]张正中．中小学体育课程疾病及其诊治研究［D］．长沙．湖南师范大学，2015：2．
[③]翁孟迁．论体育锻炼自我管理基础框架构建［J］．成都体育学院学报，2018，44（4）：24-29．
[④]缪佳．英法德体育文化对世界竞技体育影响的分析［J］．体育与科学，2017，38（4）：9-19．

到发挥。四是，重新认识体育价值。因为"社会学意义上的人基本上接受了价值的驱动"①，所以社会、个人都可能会通过体育追寻体育以外的利益。"强身健体""加分升学""提高国家威望""促进经济社会发展"之类的说法，表明很大一部分人是把体育定位为一种"工具"的；也就是说，如果体育没有用处，国家、社会是不可能热心举办体育的；对于个人而言，体育的意义也是"工具"。体育教育应该让青少年充分认识体育的全部价值，让他们认识到体育存在的本身就是一种价值，让他们能站在自己的立场上，对竞技体育价值与效用进行科学选择。

具体来说（以足球项目为例），小学阶段，可以在足球课程教学中安排一些足球游戏来发展青少年学生的协调性、柔韧性和速度，培养青少年学生的足球运动技术学习能力。练习强度应较小，密度可相对加大，即一堂足球课上青少年学生的平均心率小、练习负荷小。初中阶段，在增强协调性、柔韧性和速度时，在培养青少年学生的足球运动技术学习能力的基础上，加入爆发力与无氧耐力练习，练习强度和练习密度要适宜，练习负荷可有所提高，从而磨炼青少年学生的意志品质，即一堂足球课上青少年学生的平均心率中等、练习负荷中等。高中阶段，就要加入有氧耐力、无氧耐力和爆发力、最大力量练习，通过练习密度和练习强度来提高青少年学生对足球运动技术的熟练程度，最终使足球运动技术定型，练习负荷量较大，即一堂足球课上青少年学生的平均心率中等以上、练习负荷中等以上。在各个受教育阶段，有氧耐力与力量耐力都是足球课程的常规练习内容。②

---

① 刘庆昌. 教育价值的秩序 [J]. 教育科学, 2009 (5): 21-26.
② 刘雨. 校园足球的教育价值及其实现途径 [J]. 首都体育学院学报, 2019, 31 (5): 417-421, 437.

第六节　转变观念：让体育成为人们生活的基本样式样法

促进青少年体育参与，关键要让体育成为人们生活的基本样式样法。日常生活中的体育实践活动具有越来越重要的作用；自觉性的体育实践活动意味着体育生活化，意味着形成"体育无处不在，健身无时不有"的体育实践局面；"体育生活化"意味着社会生活中体育健身、体育运动习惯的养成，也象征着一种社会生活方式的诞生。另外，个体生活方式与他所在的社区及周边代代相传的生活模式、生活样法息息相关。因为，从他出生之时起，风俗就在塑造着他的经验和行为；到他能说话时，他就成了自己文化的小小的创造物；而当他长大成人并能参加这种文化活动时，"其文化的习惯就是他的习惯，其文化的信仰就是他的信仰"[①]；个体根据自我选定的价值体系自觉地安排自己生活。让体育成为人们生活的基本样式样法，就是人们经常性、习惯性、自觉地参与体育。经常性的体育参与有助于形成个体及群体共同的体育实践意识和习惯。

推进社会大众"自觉性的体育实践活动"有三种实践途径：理念培养与推广、个体化实施和社会动员。第一，让生活体育的理念融入社区普通居民的生活中。在一定程度上，社会大众体育观念的转变决定了他们的体育行为。因此，"体育生活化"的首要任务是转变社会大众的体育观念和竞技体育观念。可以通过网络、报刊、电视、电台媒体和其他宣传工具，传播健身知识书报、专家讲座、健身信息，倡导"体育生活化"理念和竞技体育理想与价

[①] Ruth Benedict. Patterns of Culture [M]. New York: The New American Library, 1960: 18.

值,以发挥理论先导作用,充分调动人的"主观能动性"可以对"体育生活化"工作起到推动作用。第二,"只有用实践方式,只有借助于人的实践力量"[1]才可能解决理论的对立本身。在"体育生活化"理念的指导下,在不同时间、不同生活领域中为人们提供参加体育活动机会的实践过程,使体育成为一生生活中始终不可缺少的重要内容。第三,发挥政府、媒体和各类社会组织的作用,调动多方面积极性,为体育生活化助力。

[**本章小结**] 提升我国青少年体育治理水平,即要进行政府权能重构,为多元主体参与体育治理创造条件;要社会组织独立与自主,形成多主体协同参与体育治理格局;要建立合作机制,为社会主体参与体育治理提供渠道;要坚持法治,为社会主体参与体育治理提供保障;要教育与学习,让体育教育成为青少年体育素养及心态生成与发展的关键;还要积极推进社会思想观念转变,让体育成为人们生活的基本样式样法。

---

[1]马克思.1884年经济学哲学手稿[M].中央编译局,译.北京:人民出版社,2014:4.

第六章 案例研究：四川省青少年体育治理体系及其优化

[**本章提要**] 四川省青少年体育治理呈现出：重竞技、轻群体、弱学校，重指令、轻市场，重建设、轻服务，重结果、轻过程，重内部管理、轻外部实践等特征。根据影响四川省青少年体育治理的上级监管、职能建设、行政供给、环境保障、行政协调等因素，本研究提出要确立基层体育行政部门的法学地位、明确基层体育行政干预的行为重点、加大与基层教育部门的职能协作、积极培育和完善基层体育市场、加紧基层体育场所设施的新建与维护、政府放权积极培育社会体育团体组织等可以提升四川省青少年体育治理效能。

第一节 四川省青少年体育公共治理特征

根据四川省基层体育开展状况、基层体育活动开展的组织类型、基层体育部门对群众体育的干预效果等，四川省基层青少年体育行政干预具有以下几个特征。

一、重竞技、轻群体、弱学校

所谓重竞技、轻群体、弱学校，主要是指基层体育行政部门的资源分配上存在这样一种格局。竞技体育训练与管理一直是我国各省份体育事业发展的重头戏，四川省同样也不例外。通过调查发现，在我省基层体育行政资源分配上多数市级部门投入比例约为5:3:2，县级部门向竞技体育方面倾斜的力度更加明显。群众体育活动在基层体育行政干预中处于边缘地位，多数群体组织的作用只在某些大型庆祝活动、启动仪式上得以显现。单项体育协会活动经费多为会员缴纳会费或自行筹集，单项体育协会举办地方赛事的行政经费支持为1000~5000元，依项目开展状况及活动规模而不同。学校体育同属于基层体育行政序列，但因其实际归属教育部门而出现"两张皮"现象，只对承接上级体育赛事的学校提供一定的经费补偿，体育行政部门就国家体育发展政策如"阳光体育""中学生体质达标"等事项缺少策应推动。然而，整个体育事业的发展是建立在群众体育基础上的，单纯地依靠行政力量来推动竞技体育的发展已经不能适应新时期国家宏观层面的需要，也无法获得持久的发展动力。①

二、重指令、轻市场

所谓重指令、轻市场，主要是指基层体育行政部门的工作重心主要放在了执行上级行政任务上，对当地体育市场的宏观把握、实际调研投入不够，

---

① 季浏.中国体育发展方式改革的原因探析与政策建议［J］.成都体育学院学报，2013，39（1）：1-7.

深入程度不深。在市县级体育行政工作中，为了保障三级竞技体育训练网络体系正常运转，基层体育部门筹备各种竞技比赛投入了大量资金和人力、物力和财力。包括运动员的训练与管理、输送优秀队员、裁判员教练员队伍建设、退役运动员安置工作等。从四川省体育局"十一五规划"中的 16 项目标任务中可以看出，带有行政指令色彩的行政工作为 50%~60%，如农民健身工程、全民健身赛事、争创传统项目示范校、体育彩票销售、体育基础设施建设等。而对活跃地方体育氛围的群众体育关注不够，如基层青少年体育俱乐部的培育、体育消费市场的开发、体育娱乐表演队伍的管理等。群众体育主管科、股的主要任务是组织、监督各基层协会完成各类上级交代的任务，如大型赛事启动仪式、行政事务宣传仪式，"造势"是基层群众体育的主要职责。再者，与促进地方社会发展的企业、集团等市场部门联系不够也是轻市场的重要体现。

三、重建设、轻服务

所谓重建设、轻服务，主要是指基层体育行政部门在为基层群众提供各种服务过程中存在各种问题。为基层社会提供体育服务产品一是通过硬件设施的配备，改善体育锻炼环境；二是为所建设施提供指导性、监测性、维护性服务。四川省体育局"十一五"期间的全民健身投入力度较大，为基层社区、农村配备各种健身设施是四川省社会发展的大事，基层体育部门几乎全部人员、全部精力都投入在此，而对后续规章制度的研究跟不上需求，造成了一系列问题。我省基层体育行政部门"只管建、不管维护""建大型场馆、服务上层群体"的现象同样存在。这种现象造成大量体育资源闲置浪费，群众不懂如何利用。如川南某县争取到"雪炭项目"建设一所集篮球、排球、乒乓球、羽毛球等多功能综合体育馆。而该县的基层体育开展状况却与此并不相符，可以说差距甚远。基层体育行政干预应当是一个系统的、全面的过程。

四、重结果、轻过程

所谓重结果、轻过程，主要是指基层体育行政部门的行政事务处理中缺少必要的评价机制。在某些公开性事务处理过程中，每一个环节都是透明的，而最能体现这一行政现象的是事务处理的汇报总结。办公室纸质材料上，"总结表彰大会"的文件最多，典型的报喜不报忧。调研过程中研究人员发现，部分市（州）及基层业余体校永远只汇报"千方百计集中人力、物力、财力，曾为上级国家培养了××、××等优秀竞技体育人才，为地方争得了荣誉，为我国竞技体育事业的发展作出了积极贡献……"但对基层体校项目布局不符合区域经济社会发展实际、业余训练参训青少年人数萎缩、后备人才文化教育缺失、后备人才淘汰率过高、体校管理模式亟须优化等问题只字不提。

五、重内部管理、轻外部实践

所谓重内部管理、轻外部实践，是指基层体育行政队伍的配备及管理内容上存在不合理现象，行政内部管理较多，而对于外部实践的探索较少。一支高素质的体育行政班子，首先需要有具备领导艺术的部门领导，身体力行，实际参与到各种体育项目的普及推广当中。但实际情况是有近四成的行政一把手对体育一窍不通，不少人是"挪位子"才到体育系统的。其次是需要拥有知识面广、实践应用能力强的人员支撑。基层领导的领导艺术体现在其非权力影响力上，而大部分领导的"官本位"思想仍较为严重，"大撒把"式管理较突出。签字、盖章是主要职责，有的部门领导要么见不到人，要么"闭门办公"。而对于外部实践则相当欠缺，许多行政一把手并非体育出身，而班子人员综合素质参差不齐。这对于基层体育行政部门主动掌握市场行情、制定应对策略、了解民众体育所需、提供实际服务无疑起到了阻碍的效果。[①]

第二节 影响四川省青少年体育治理体系的因素研究

在充分了解四川省基层体育开展现状和基层体育行政干预现状的基础上，本研究就制约基层体育行政有效干预的诸多影响因素咨询了四川省内有关体育院校的体育管理学、学校体育学、社会体育学等方面的专家、学者，以及宜宾市、乐山市、内江市、自贡市、泸州市等体育局局长、副局长及相关工作人员后，设计了《四川省基层体育行政干预影响因素调查表》《转型时期我国基层体育行政干预特征调查问卷》共两份问卷。在实际调查之初，就问卷的结构效度和内容效度进行了专家评价，效度为 0.85；就问卷的信度采用重测法在基层群众中进行了小范围发放，信度达到 0.87，符合研究类问卷要求。调查采用 E-mail 和函调两种形式进行。将收集到的数据信息进行统计，整个统计工作在 EXCEL2007 软件和 SPSS13.0 软件上完成，对数据进行基本描述

[①] 刘雨，李阳. 公共管理视域下基层体育行政干预的特征、作为及路径研究——以四川省为例 [J]. 广州体育学院学报，2015，35（3）：25-30.

性统计和因子结构分析。

一、数据分析结果

（一）数据一致性检验（Kendall's W）及变异系数（Vj）

基层体育行政干预的有效开展往往受到多种因素的影响，地域差异性也比较大。不同的学识背景和职责角色对同一评价变量的判断也会有所区别。

为了检验专家群体对某一问题的评价标准是否基本一致，我们采用肯德尔和谐系数（Kendall's W）和变异系数作为判断评价一致性的参数指标。通过表6-1可以看出，此次调查数据的和谐系数为0.734，具有较高的内部一致性。而变异系数的统计表明，在社会指导员的培训与管理、当地企业集团的赞助热情以及体育参与者的健康状况、学历、职业等方面的认识存在分歧，变异系数较高。

表6-1 内部一致性检验

样本量（N）	一致性系数 （Kendall's W）	卡方值 （Chi-Square）	显著性水平 （Asymp. Sig）
22	0.734	248.256	0.000

由表6-2可见，专家群认为，C17、C18、C19、C20、C21、C22、C23、C24等关于基层体育参与者自身素质的指标并不是制约体育行政干预有效开展的重要因素，其平均得分在总得分的60%以下。其中C17体育参与者的收入水平得分较低提示我们，基层体育的开展与个人的经济收入水平并没有直

接的关系，他们的参与动因较为简单，即组织引领、时间空余、增进健康、充实生活是其主要目的。这也暴露出基层体育产业发展滞后的现实状况。对于体育行政部门而言，干预的主要方向应当是如何为基层民众提供包括人力资源、环境资源、技术资源、信息资源等方面的综合服务。

表6-2 基层体育行政干预影响因素的描述性统计

指标	平均数 Mean	标准差 (Std. Deviation)	变异系数 (Vj)
C1 上级部门的关注扶持	4.32	0.894	0.2069
C2 上级部门的监督评估	4.59	0.734	0.1599
C3 基层体育部门的政策导向	3.95	0.785	0.1987
C4 基层体育部门的人员配备	4.55	0.510	0.1121
C5 基层体育部门的职责划分	3.91	1.151	0.2944
C6 基层体育部门的规章制度	3.95	0.950	0.2405
C7 基层赛事的组织与管理	3.82	0.853	0.2233
C8 基层体育组织的建设与管理	4.41	0.503	0.1141
C9 基层体育部门的服务供给	4.36	0.790	0.1812
C10 社会体育指导员的培训与管理	4.18	0.853	0.2041
C11 基层体育资源的科学分配	4.23	0.922	0.218
C12 基层媒体的宣传报道	3.82	1.006	0.2634
C13 基层企业集团的赞助效应	3.55	0.739	0.2082
C14 基层公共体育场地、器材设施等	4.27	0.456	0.1068
C15 学校体育场馆设施的开放度	4.00	0.511	0.1243
C16 基层相关部门的协调配合	3.45	0.510	0.1478
C17 体育参与者的收入水平	3.27	0.456	0.1395
C18 体育参与者的体育意识	4.00	0.756	0.189
C19 体育参与者的锻炼技能	3.68	0.716	0.1946
C20 体育参与者的健康状况	3.09	1.019	0.3298

续表

指标	平均数 Mean	标准差 (Std. Deviation)	变异系数 (Vj)
C21 体育参与者的年龄	2.73	0.456	0.167
C22 体育参与者的性别	2.45	0.510	0.2082
C23 体育参与者的职业	2.45	0.912	0.3722
C24 体育参与者的学历	2.45	0.739	0.3016

（二）基层体育行政影响因素的因子命名

在初步分析回收数据信息的基础上，对基层体育参与者变量进行剔除并对其他因素进行主成分分析，采用方差极大旋转的方式，共提取特征根>1 的公因子6个。各因子的特征根值及其累积贡献率见表6-3。从表6-3可以看出，所提取的公共因子累积贡献率达到100%，结合因子提取的碎石图（图6-1）认为，该结果基本能够解释问题的大部分信息。（表6-4）

表6-3 基层体育行政干预影响因素因子分析特征根植及累积贡献率

相关因素	初始特征值			提取平方和			旋转平方和		
	全部特征值	方差贡献率	累积贡献率	全部特征值	方差贡献率	累积贡献率	全部特征值	方差贡献率	累积贡献率
1	7.483	27.716	27.716	7.483	27.716	27.716	5.801	21.484	21.484
2	7.280	26.965	54.680	7.280	26.965	54.680	5.467	20.248	41.732
3	4.449	16.476	71.157	4.449	16.476	71.157	4.797	17.766	59.498
4	3.574	13.237	84.393	3.574	13.237	84.393	3.948	14.623	74.121
5	2.336	8.650	93.043	2.336	8.650	93.043	3.756	13.909	88.031
6	1.878	6.957	100.000	1.878	6.957	100.000	3.232	11.969	100.000

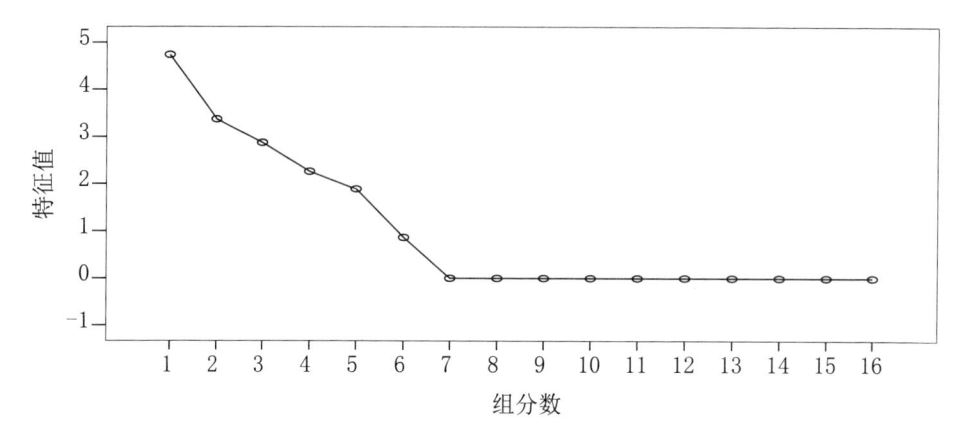

图 6-1　结合因子提取的碎石图

表 6-4　因子分析初始矩阵

	相关因素					
	1	2	3	4	5	6
C1 上级部门的关注扶持	−0.457	0.701	−0.525	−0.036	0.150	−0.007
C2 上级部门的监督评估	0.287	0.634	0.474	0.006	−0.482	0.241
C3 基层体育部门的政策导向	−0.133	0.308	0.407	0.500	0.557	−0.402
C4 基层体育部门的人员配备	0.589	0.435	−0.618	−0.017	0.013	0.285
C5 基层体育部门的职责划分	0.470	0.104	−0.737	0.473	0.001	0.033
C6 基层体育部门的规章制度	0.952	−0.246	0.022	−0.149	−0.037	−0.092
C7 基层赛事的组织与管理	0.530	0.089	0.158	−0.806	0.180	−0.061
C8 基层体育组织的建设与管理	0.418	−0.089	0.338	−0.763	0.314	0.149
C9 基层体育部门的服务供给	0.721	−0.256	0.153	0.048	−0.228	−0.581
C10 社会体育指导员的培训与管理	0.958	−0.134	−0.114	0.064	0.215	−0.043
C11 基层体育资源的科学分配	−0.273	0.272	0.709	−0.575	0.125	−0.055
C12 基层媒体的宣传报道	0.212	−0.873	−0.032	−0.040	0.162	0.404
C13 当地企业集团的赞助效应	0.655	0.280	0.397	−0.289	0.010	0.502
C14 基层公共体育场地、器材设施等	0.177	0.056	−0.138	0.236	0.912	0.242
C15 学校体育场馆设施的开放度	0.519	0.101	0.059	0.704	0.018	0.470
C16 基层相关部门的协调配合	0.566	−0.407	0.055	0.322	0.377	0.775

通过表 6-5 不难看出，在经过方差极大正交旋转之后，每个公因子的典型代表变量很突出。其中，公因子 1 主要包括上层体育部门的关注扶持、上层体育部门的监督评估，主要反映的是上级体育部门对基层体育行政部门的监管效应，将其命名为"上级监管"因子，其因子贡献率为 21.48%；公因子 2 主要包括基层体育部门的政策导向、职责划分、人员配备、规章制度，主要反映的是基层体育部门的自我完善程度，将其命名为"职能建设"因子，因子贡献率为 20.25%；公因子 3 主要包括基层体育赛事的组织与管理、基层体育组织的建设与管理，主要反映的是基层体育活动的促进效应以及各类体育组织的发展状况，将其命名为"赛事动力"因子，因子贡献率为 17.77%；公因子 4 主要包括基层体育部门的服务供给、基层体育资源的科学分配、社会体育指导员的培训与输送、基层媒体的宣传报道、当地企业集团的赞助效应，反映的是基层体育行政干预的辅助措施，将其命名为"行政供给"因子，因子贡献率为 14.62%；公因子 5 主要包括基层供给体育场地的器材设施、学校体育场馆的开放度，反映的是基层体育行政干预的物质环境保障，将其命名为"环境保障"因子，因子贡献率为 13.9%；公因子 6 只包括一项内容，即相关部门的协调配合，主要反映的是基层体育行政干预过程中的各种关系状况，将其命名为"行政协调"因子，因子贡献率为 11.97%。

表 6-5 方差极大旋转后得到的因子矩阵

指标	相关因素					
	1	2	3	4	5	6
C1 上级部门的关注扶持	0.937					
C2 上级部门的监督评估	−0.648					
C3 基层体育部门的政策导向		0.979				

续表

指标	相关因素					
	1	2	3	4	5	6
C4 基层体育部门的人员配备		0.824				
C5 基层体育部门的职责划分		-0.645				
C6 基层体育部门的规章制度		0.894				
C7 基层赛事的组织与管理			0.907			
C8 基层体育组织的建设与管理			-0.538			
C9 基层体育部门的服务供给				0.742		
C10 社会体育指导员的培训与管理				0.749		
C11 基层体育资源的科学分配				0.719		
C12 基层媒体的宣传报道				-0.631		
C13 当地企业集团的赞助效应				0.705		
C14 基层公共体育场地、器材设施等					0.891	
C15 学校体育场馆设施的开放度					0.975	
C16 基层相关部门的协调配合						0.775

二、影响基层体育行政干预相关因素解析

第一，上级监管因子。政府体育行政部门，作为一种公共体育机构，其基本职能就是"组织和执行公共物品的供给"。[①] 虽然我国在转型时期的根本任务是实现政府职能从直接行政到间接行政、从部门行政到行业行政的转变，但自上而下的国家体制和我国正处于社会主义初级阶段的现实国情并不允许我们一步跨入西方国家"以市场为主导"的经济发展模式当中。而对于基层

---

①张今声.政府行为与效能——政府改革的深层次透析 [M]. 北京：中国计划出版社，2001：163.

体育而言，它的市场化进程则显得更为艰难，它必须经历上级主管部门有效监管、大力扶持、逐步推向市场、推向行业的漫长过程。这是任何事物成长壮大的普遍规律。目前的基层体育行政部门之所以对市场干预乏力，其根本原因在于上级体育部门没有为其提供适宜的成长环境，"等、靠、要"仍然是其生存发展的必要条件，而在主管部门有限的条件下给予必要的资金扶持、观念引导、技术培训、市场管理、激励督导都十分必要。

第二，职能建设因子。职能建设因子是指基层体育行政部门的职能定位与制度完善对体育行政有效干预产生的重要作用。我国体育事业整体取得了较大发展，但这仍是行政干预体现出来的社会效应，基层体育行政部门的策应角色突出。因此，应当加强基层体育行政部门开展自身的职能建设，把基层体育行政部门的社会形象转变为"有限政府、责任政府、法治政府、透明政府"的服务型政府形象。各基层部门应当尽快制订和落实《行政问责制度》《工作流程透明制度》《资源分配透明制度》《行政绩效公审制度》等。

第三，行政供给因子。行政供给因子实际上是基层体育行政部门的目的因子，基层体育行政部门应该为基层体育组织、个人提供何种服务保障是衡量体育行政部门职能效能的重要标准。这一因子的确立，既反映了基层体育行政部门对自身职责的自省，又凸显了基层体育行政部门对基层体育服务供给严重不足的实际问题，还暴露出基层群众对自我体育权利认识不足的现实状况。基层体育供给体系包括：舆论宣传体系、组织网络体系、活动内容体系、健身用品体系、科技指导体系、体质监测体系和激励奖惩体系等多项内容。而这些公共体育产品的服务供给仍存在较多问题。当前我国城乡群众体育及健康设施设备规划与设计仍较为"粗放"，表现为："以活动空间、场所、设施的数量供给、维持与改善为主"①，既存在群众体育设施设备质量效能供给不足的问题，还难以有效兼顾不同年龄和地域群体的差异化需求，尤其城乡老年人的日常健康需求考虑愈显不足，同时避免回到"大水漫灌"的老路上。另外切实关系到百姓健康体质的软服务却很不到位。据调查，85.7%的人表示，"从未接受过当地体育行政部门提供的诸如体质监测、健身指导等便民服务"；76.2%的人表示，"感受不到当地体育行政部门举办赛事的宣传效应"。可见，四川省体育行政供给多停留在"硬供给"的层面，而缺少"软供给"。

第四，环境保障因子。环境保障因子是指基层体育行政干预的内外部环境，其内部环境包括部门内的职责分工及制度协调、约束等绩效问题，而外部环境则主要是指基层公共体育活动经费、场地、器材配备等。近年来，四川省基层体育环境得到了极大的改善和提高。根据2019年自贡市教育体育局组织的全市体育场地统计调查，自贡全市现有体育场地数量3187片，面积341.28万平方米，同比第六次全国体育场地普查多出1454片，场地数量增加83.9%②，基本满足全民"15分钟健身圈"的场地需求。尽管如此，基层体育资源的合理利用和协调运作仍将是长远发展面临的重要问题，加快基层体育产业化发展和体育资源的使用将是今后体育环境改善的长远问题。

第五，行政协调因子。"行政协调是行政系统调整自身与其外部环境之间的关系和调整行政系统内部的各种关系，是指分工合作、相互配合、协同一致，有效地实现行政目标的行为过程。"③ 目前，基层体育行政干预效率存在严重的行政协调不顺、协调领域过窄的问题。所谓行政协调不顺，主要包括

---

①姜玉培，甄峰，孙鸿鹄，等.健康视角下城市建成环境对老年人日常步行活动的影响研究［J］.地理研究，2020，39（03）：570-584.
②https://www.sohu.com/a/318800757_100033800.
③常桂祥.论行政协调［J］.理论学刊，1998（3）：89-93.

两种现象：一是，体育行政部门内部的各职能人员为了保障和扩展自己的职权和管理范围，增加自己的利益，存在争功诿过、互相扯皮的现象，影响工作效率；二是，受基层职能部门合并的影响，体育行政往往与教育、广电、文化、科教行政产生顶牛现象，影响工作效率，如体育市场管理在内容和权限方面就存在体育行政与文化行政之间的长期争议。所谓协调领域过窄，则主要表现在体育行政部门大多负责地方政府下达的行政任务所涉及的部门协调工作，而很少参与学校体育、协会体育、社区体育等事务开展，从而影响基层体育行政干预社会效应的扩展。

第三节　四川省青少年体育公共治理体系优化策略

《国务院机构改革和职能转变方案》等文件的出台都将行政管理部门职能转变和简政放权放在特别重要的位置，提出"该取消的必须取消，该下放的必须下放，该整合的必须整合，真正做到向市场、社会放权，减少对微观事务的干预，同时该加强的要切实加强，改善和加强宏观管理，提高政府管理科学化水平"[1]。四川省 22 个市州基层体育行政管理部门与文化、广电、教育、新闻等部门合并后，对其政府部门职能定位、权力调整和管理方式改变等提出了新的要求，机构职能或管理领域、工作重点等有所转变，为适应这一变化趋势，势必转变基层体育行政干预目标、方向、重点等，以提升治理的效能。

---

[1] 朱立毅，王敏. 加快建设人民满意的服务型政府——解读《国务院办公厅关于实施〈国务院机构改革和职能转变方案〉任务分工的通知》[N]. 人民日报，2013-3-30.

一、确立体育行政部门的法学依据

依法行政是新时期我国体育行政职能转变的重要方向，"只有有法可依才谈得上依法行政，才能使政府行为尽可能做到有法可依、有规可循，以最大限度地减少政府行为的任意性。"[①] 但从目前的状况来看，我国体育行政部门存在着严重的"无法可依"的尴尬，尤其基层体育行政部门更因其法学地位的模糊性而直接导致体育行政人员的执法意识淡薄。《体育法》中明确规定："国务院体育行政部门、县级以上地方各级人民政府体育行政部门"主管全国或本行政区域的体育工作。可见，体育行政部门的执法资格是人民政府赋予的，不是被授权的，更不是委托的。既然县级体育行政部门是国家体育行政部门的序列存在，通过上一级法制部门的培训考核获得行政执法主体资格就是可行的。受过去的"体育是纯公益性事业"的观念影响，缺少必要的执法资质的基层体育行政部门必定在监督、管理、协调、服务过程中面临越来越多的问题。长此以往，对于体育事业"弱化微观管理"的改革将转变为"不闻不问"的消极现象。因此，基层体育的行政干预效果的好坏，很大程度上取决于其法学意识的提升、执法资格的获得、执法权限的界明。

二、明确体育行政干预的行为重点

"行政行为是指享有行政权能的组织或个人运用行政权对行政相对人所作

[①] 罗嘉司. 体育行政立法管窥 [J]. 武汉体育学院学报，2005，39（3）：13-15.

的法律行为。"① 基层体育行政行为表现出抽象行政行为多、具体行政行为少的实际特征。所谓抽象行政行为是指"不确定性或普遍性行政行为，如制定各种法规、规章，发布命令，决定等；而具体行政行为的行为特征较为具体，只涉及某个人或组织的权益，包括行政监督行为、行政奖励与行政给付行为。"② 当然，以上所说的具体行政行为又可以分为作为行政行为和不作为行政行为，这已经成为基层体育发展中暴露出来的较为严重的问题。因此，针对基层体育整体状况较为落后的实际情况和行政职能改革的长远目标，基层体育行政干预的行为重点应当放在具体行政行为上，如行政奖励、行政给付、行政调配等。只有这样才能够真正做到行政为民，才能吸引多方社会资源投入到基层体育事业建设潮流中来。

三、加大与教育部门的职能协作

四川省多数市州基层体育行政部门与当地文化、广电、教育等部门实现职能重组。但此次改革并非以最优化体育资源利用率为目的，所以导致合并后的体育行政职能出现弱化现象。"一个班子（党组）、两个摊子（文化体育各一摊）、三个章子"的行政程序对基层体育活动的开展造成重要影响，尤其对地方有限体育资源的协调使用上更加困难。(1) 教育系统因其连贯的行政属性短期内不可能与诸如体育、文化等行政部门实现机构重组；(2) 基层体育部门因为担负向上级输送体育专业人才的政策任务很难实现较大幅度的职

---

①王亚洲. 体育行政行为纳入司法审查的可行性分析［J］. 黑龙江省政法管理管部学院学报，2010（8）：29-32.
②http://www.exam8.com/wangxiao/shiting/w_jiangyi.asp? jiangyiID=1431.

能让渡；(3) 教育系统目前为止仍难以担负起输送竞技体育优秀后备人才的重担。

在当前，从"碎片化"向"跨部门协作"转化是政府部门间运行机制变迁的基本方向；建构多部门间协作机制成为提升基层体育行政干预效能的重要维度。因此，应当加大基层体育部门与教育部门之间的协调，促使基层体育资源的合理、科学使用。而其中可能遇到的体育设施破坏维修、资金运作的部分费用则可以由体育行政部门负责。这样既可极大缓解居民日常体育活动缺少活动场所的状况，解决群众体育发展的瓶颈，又可将学校体育的人力、物力资源发挥出来。

四、积极培育和完善基层体育市场

培育和完善基层体育市场，关键是要让体育行政管理者树立市场意识，基层体育行政管理部门需要把市场放在重要位置、看重市场在体育事业发展中的作用。具体来说就是看体育行政管理部门是不是按市场需求谋划生产，是不是按市场规律谋划发展[1]。市场是根据人的需求建立起来的，对于我省基层社会的体育需求而言，首先应当瞄准他们的体育实际需求是什么，当这些需求得到满足的时候自然而然地会提升体育需求的层次和品位。通过调查了解到，在市、县一级民众中，群众体育参与者最需要的是体育健身指导，包括技术指导、理念引导；而青少年群体最需要的则主要包括时尚前沿的各类体育运动装备（如 NIKE、ADIDAS 等运动品牌）、休闲刺激类体育运动培训

---

[1] 刘青，陈林会，等. 从"基础性作用"到"决定性作用"：体育市场推动体育新发展的理论思考 [J]. 成都体育学院学报，2014，40（10）：32-39.

(如轮滑、街舞、三人篮球、五人足球等)。形成具有川内特色的"假日体育"市场,加快体育产业结构调整。

五、加紧体育场所设施的新建与维护

基层体育环境的改善有赖于体育场地、设施的有效配给,而新建与维护无疑是其中的重大环节。目前,我省基层体育场地设施的重点放在新建上,极大缓解了体育场地资源紧张的局面。新时期体育事业的发展,一是要进一步发挥"体育惠民行动"和"体育民生工程"作用,建设更多贴近群众利益、满足群众需求、服务群众的体育设施设备;二是推进各类体育场馆免费开放或低收费开放;三是引入社会资本和力量参与体育场馆的建设与提供,多途径、多渠道供给,满足老百姓日益增长的体育健身需求。

六、政府放权积极培育社会体育团体组织

基层体育行政管理部门需要积极培育社会体育组织,多元化的体育行政主体;实现政府部门、社会组织、市场主体的有效互动[1]。体育行政主体多元化发展既是合理配置权力资源、推动不同体育领域自治的基本诉求,也是实现体育公共利益的现实需要[2]。体育政府机构的改革,要求把大量原来由政府承担的微观管理和服务职能转移出去,交给社会组织来承担。因此,对体育社团组织的培育、扶持是推进各体育行政改革的重要工作。鉴于基层地方经

---

[1] 王家宏. 我国公共体育服务体系的内涵、特征与价值取向 [J]. 成都体育学院学报,2014,40(1):7-11.
[2] 宋亨国. 我国体育行政主体的分类研究 [J]. 武汉体育学院学报,2013,47(12):12-17.

济发展水平较为落后的实际情况，我们应当充分认识到体育的经济拉动作用，可以通过政府放权的形式率先完成社会体育团体组织的建设。打破地方市场经济自然扩张的固有传统，体育社会团体可以通过各种赛事服务、信息服务、培训服务、产品服务满足人们的各种体育需求。

[**本章小结**] 根据四川省青少年体育治理呈现的重竞技、轻群体、弱学校等特征，结合影响四川省青少年体育治理的上级监管、职能建设、行政供给、环境保障、行政协调等因素，本研究提出了确立基层体育行政部门的法学地位、加大与基层教育部门的职能协作等可以提升四川省青少年体育治理效能的主要策略。

参考文献

外文文献

[1] American Alliance for Health, Physical Education, Recreation and Dance [J]. *Health related physical fitness technical manual.* Reston, VA: Author. 1984.

[2] Corbin CB, Lindsey R. Fitness for Life [M]. 4th ed. Champaign, IL: Human Kinetics; 1995.

[3] Courtney J et al Vascular risks and management of Obesity in children and adolescents Vascular Health and Risk Management, 2006: 2 (2).

[4] Courtney J et al. Vascular risks and management of Obesity in children and adolescents [J]. *Vasc Health Risk Manag.* 2006, 2 (2): 171-87.

[5] Francis Fukuyama. Political Order and Political Decay: From the Industrial Revolution to the Globalisation of Democracy [M]. Farrar, Straus and Giroux, 2014.

[6] Francis Fukuyama. What is governance? [J]. Governance, 2013, 26 (3): 347 – 368.

[7] Franks, B. Don. *YMCA youth fitness test manual.* Champaign, IL: YMCA of the USA.

[8] HHS. 2008 Physical Activity Guidelines for Americans [R]. 2008.

[9] Kenneth Lieberthal. Governing China: From Revolution Through Reform 2nd Edition [M]. New York: W. W. Norton & Company, 2004.

［10］Lester M. Salamon, Odus V. Elliott. Tools of Government: A Guide to the New Governance [M]. New York: Oxford University Press, 2002: 611.

［11］Mancur Olson. Dictatorship, Democracy, and Development [J]. American Political Science Review, 1993, 87 (9): 567-576.

［12］Morrow, James R., Jr. Zhu, Weimo、Franks, B. Don、Meredith, Marilu D. Christine Spain, 1958-2008. 50 Years of youth fitness tests in the United States. *Research Quarterly for Exercise and Sport*, 2009, 80 (1): 1-11.

［13］President's Council on Physical Fitness and Sports [J]. The President's Challenge. Washington, DC: Author. 1987.

［14］Ruth Benedict. Patterns of Culture [M]. New York: The New American Library, 1960: 18.

［15］Sharon A. Plowman, Charles L. Sterling, Charles B. Corbin, Marilu D. Meredith, Gergory, J. Welk, and James R. Morrow, Jr. The History of FITNESSGRAM [J]. *Journal of Physical Activity & Health*, 2006, 3 (Suppl. 2), S5-S20.

［15］Sigmund A. Anderssen, Ashley R. Cooper, Chris Riddoch. Low cardiorespiratory fitness is a strong predictor for clustering of cardiovascular disease risk factors in children, age and sex [J]. Eur J Cardiovasc Prev Rehabil, 2007, 14 (4): 526-531.

［17］USDHHS. Physical activity and health: a report of the Surgeon General [R]. Atlanta GA: USDHIIS, CDC, National Center for Chronic Disease Prevention and Health Promotion, 1996.

［18］Zhu, W. A multilevel analysisi of school factors associated with health-related fitness [J]. *Research Quarterly for Exercise and Sport*, 1997, 68: 125-135.

中文文献

［1］白光斌，王晓伟，高鹏飞．我国社会转型中的体育法治问题与国家治理——以国家治理能力为理论视角 [J]．体育与科学，2015, 36 (4): 88-93.

[2] 常桂祥．论行政协调［J］．理论学刊，1998（3）：89-93．

[3] 迟福林．转型中国的历史性抉择［J］．经济体制改革，2015（3）：5-14．

[4] 陈林会．挑战与超越：基于中观视角的体育治理创新［J］．体育与科学，2016，37（5）：47-54．

[5] 陈林会，刘青．美国竞技体操发展经验与启示［J］．体育文化导刊，2018（7）：72-76,116．

[6] 戴健，张盛，唐炎，等．治理语境下公共体育服务制度创新的价值导向与路径选择［J］体育与科学，2015，35（11）：3-12．

[7] 国家体育总局．体育发展"十三五"规划［R］．2016-05-05．

[8] 国家体育总局，国家统计局．2016年度国家体育产业统计数据公告［R］．2018-01-13．

[9] 何颖．中国政府机构改革30年回顾与反思［J］．中国行政管理，2008（12）：21-27．

[10] 花勇民，布特，侯宁，等．体育社会化改革的回顾和反思［J］．北京体育大学学报，2015，38（12）：1-9．

[11] 季浏．中国体育发展方式改革的原因探析与政策建议［J］．成都体育学院学报，2013，39（1）：1-7．

[12] 贾蕾仕．体育总局酝酿取消足管中心 足协行使权利将获自由［N］．长春晚报，2011-08-09．

[13] 姜同仁．新常态下中国体育产业政策调整研究［J］．体育科学，2016，36（4）：33-41．

[14] 姜志明，吴昊．中日大学生体质锻炼与健康测试标准的比较研究［J］．上海体育学院学报，2003，27（5）：111-113．

[15] 李斌．行业协会，"脱钩"才能正名［N］．人民日报，2015-11-30：5．

[16] 李伟平，权德庆，蔡军，等．西安市城镇居民体育消费结构及其特征研究——基于数据挖掘的视角［J］．体育科学，2013，（33）9：22-28．

[17] 李友梅，肖瑛，黄晓春．当代中国社会建设的公共性困境及其超越［J］．中国社会科

学，2012（4）：125-139.

[18] 刘东锋. 对我国单项运动协会实体化改革演进的思考 [J]. 体育学刊，2008，15（9）：21-25.

[19] 刘扶民，杨桦. 中国青少年体育发展报告（2016）[M]. 北京：社会科学文献出版社，2017：43-72.

[20] 刘亮. 全面深化改革背景下我国体育改革的逻辑、目标、动力及路径 [J]. 体育科学，2015，35（10）：10-16.

[21] 刘庆昌. 教育价值的秩序 [J]. 教育科学，2009（5）：21-26.

[22] 刘青. 体育行政管理新论 [M]. 北京：人民体育出版社，2006：10.

[23] 刘青，陈林会，等. 从"基础性作用"到"决定性作用"：体育市场推动体育新发展的理论思考 [J]. 成都体育学院学报，2014，40（10）：32-39.

[24] 刘思华，梁恒. 中国《全民健身计划（2011—2015）》与美国《健康公民2010》的比较研究 [J]. 中国西部科技，2012，11（8）：71-73.

[25] 刘艳丽，龚晓洁. 非营利组织与公共服务视野中的青少年体育俱乐部动力机制及深层发展问题研究 [J]. 山东体育学院学报，2006（1）：30-33.

[26] 刘雨，李阳. 公共管理视域下基层体育行政干预的特征、作为及路径研究——以四川省为例 [J]. 广州体育学院学报，2015，35（3）：25-30.

[27] 刘雨. 校园足球的教育价值及其实现途径 [J]. 首都体育学院学报，2019，31（5）：417-421，437.

[28] 罗嘉司. 体育行政立法管窥 [J]. 武汉体育学院学报，2005，39（3）：13-15.

[29] 马克思. 1884年经济学哲学手稿 [M]. 中央编译局，译. 北京：人民出版社，2014：4.

[30] 马克思.《政治经济学批判》序言 [EB/OL]. http://marxists.anu.edu.au/chinese/marx/06.htm.

[31] 马庆钰. "十三五"时期我国社会组织发展思路 [J]. 中共中央党校学报，2015，19

(2): 58-64.

[32] 毛振明, 查萍. 对我国竞技体育"举国体制"的理性思考——激情后的冷静, 辉煌下的问题: 北京奥运会后的思考 [J]. 北京体育大学学报, 2008, 31 (12): 1701-1703.

[33] 孟建柱. 加强和创新社会治理 (学习贯彻党的十八届五中全会精神) [N]. 人民日报, 2015-11-17: 6.

[34] 缪佳. 英法德体育文化对世界竞技体育影响的分析 [J]. 体育与科学, 2017, 38 (4): 9-19.

[35] 翁孟迁. 论体育锻炼自我管理基础框架构建 [J]. 成都体育学院学报, 2018, 44 (4): 24-29.

[36] 皮埃尔·卡蓝默. 破碎的民主·试论治理的革命 [M]. 高凌瀚, 译. 北京: 生活·读书·新知三联书店, 2005.

[37] 宋亨国. 我国体育行政主体的分类研究 [J]. 武汉体育学院学报, 2013, 47 (12): 12-17.

[38] 涂尔干. 社会分工论 [M]. 渠敬东, 译. 北京: 生活·读书·新知三联书店, 2017.

[39] 汪锦军. 纵向政府权力结构与社会治理: 中国"政府与社会"关系的一个分析路径 [J]. 浙江社会科学, 2014 (9): 128-139.

[40] 王家宏. 我国公共体育服务体系的内涵、特征与价值取向 [J]. 成都体育学院学报, 2014, 40 (1): 7-11.

[41] 王家仁. 英国学校体育与健康教育研究 [J]. 体育教学, 2006 (2): 44-45.

[42] 王家峰, 孔繁斌. 政府与社会的双重建构: 公共治理的实践命题 [J]. 南京社会科学, 2010 (4): 77-83.

[43] 王乔君, 童莹娟. 长三角城市居民体育消费结构研究 [J]. 体育科学, 2013, (33) 10: 52-62.

[44] 王涛. 城市中青年休闲体育生活方式论析——以广州、深圳为例 [J]. 山东体育学院学报, 2016, 32 (3): 53-58.

[45] 王亚洲. 体育行政行为纳入司法审查的可行性分析 [J]. 黑龙江省政法管理管部学院学报, 2010 (8): 29-32.

[46] 吴汉全. 政府职能转变与权力制约机制建设 [J]. 南京审计学院学报, 2014 (2): 3-11.

[47] 吴兴智. 国家、组织化与社会秩序——当前我国社会发展模式再思考 [J]. 上海行政学院学报, 2013, 15 (1): 81-89.

[48] 夏之放. 日常生活批判理论与掌握世界的方式——从衣俊卿"回归生活世界的文化哲学"说起 [J]. 东方论坛, 2007 (5): 24-29.

[49] 徐建刚, 汪晓赞, 邓勇建. 美国"与健康有关的体育教育"的发展及其启示 [J]. 体育文化导刊, 2013 (9): 25-28.

[50] 薛美琴, 马超峰. 社会组织的独立性: 合法与有效间的策略选择 [J]. 学习与实践, 2014 (12): 81-87.

[51] 颜天民, 高健. 法治体育: 体育治理的理念变革与进路探索 [C]. 第十届全国体育科学大会论文摘要汇编 (二), 2015: 1513-1515.

[52] 杨桦. 中国体育治理体系和治理能力现代化的概念体系 [J]. 北京体育大学学报, 2015, 38 (8): 1-6.

[53] 杨春艳. 试探体育强国建设 [J]. 体育文化导刊, 2011 (2): 5-8.

[54] 杨桦. 深化体育改革推进体育治理体系和治理能力现代化 [J]. 北京体育大学学报, 2015, 38 (1): 1-7.

[55] 杨桦. 论体育治理体系的价值目标 [J]. 北京体育大学学报, 2016, 39 (1): 1-6.

[56] 于可红, 母顺碧. 中国、美国、日本体质研究比较 [J]. 体育科学, 2004, 24 (7): 51-54.

[57] 俞可平. 治理和善治: 一种新的政治分析框架 [J]. 南京社会科学, 2001 (9): 40-45.

[58] 俞可平. 推进国家治理体系和治理能力现代化 [J]. 前线, 2014 (1): 5-8.

[59] 于善旭. 论法治体育在推进体育治理现代化中的主导地位 [J]. 天津体育学院学报,

2014, 38 (6): 1-6.

[60] 张宝强. 20 世纪 50 年代以来美国促进学生体质健康的举措及其启示 [J]. 体育学刊, 2010, 17 (3): 52-56.

[61] 张今声. 政府行为与效能——政府改革的深层次透析 [M]. 北京: 中国计划出版社, 2001: 163.

[62] 张明俊. 我国体育传统管理的危机与新型体育治理建设 [J]. 体育学刊, 2015, 22 (4): 13-16.

[63] 张正中. 中小学体育课程疾病及其诊治研究 [D]. 长沙: 湖南师范大学, 2015: 2.

[64] 郑杭生, 邵占鹏. 治理理论的适用性、本土化与国际化 [J]. 社会学评论, 2015, 3 (2): 34-46.

[65] 郑志刚. 规范体育行政管理 实现科学发展——关于我省体育行政部门"行政不作为"的现象调查与对策 [J]. 重庆教育学院学报, 2008, 21 (6): 118-121.

[66] 中共中央关于全面深化改革若干重大问题的决定 [N]. 人民日报, 2013-11-16: 1.

[67] 中央编译局. 马克思恩格斯选集（第 1 卷）[M]. 北京: 人民出版社, 1972: 30.

[68] 钟文. 换个思路办体育——以新理念引领体育发展新格局的思考之一 [N]. 人民日报, 2016-01-04: 13.

[69] 周晓虹. 社会建设: 西方理论与中国经验 [J]. 学术月刊, 2012, 44 (9): 5-15.

[70] 周晓虹. 中国人社会心态六十年变迁及发展趋势 [J]. 河北学刊, 2009, 20 (5): 1-6.

[71] 赵恒志. 从巴西足球看中国足球发展的正确思路 [J]. 体育学刊, 2012, 19 (3): 2-5.

[72] 朱立毅, 王敏. 加快建设人民满意的服务型政府——解读《国务院办公厅关于实施〈国务院机构改革和职能转变方案〉任务分工的通知》[N]. 人民日报, 2013-03-30.

附 录

附录1：转型时期我国基层青少年体育行政干预特征调查问卷

尊敬的各位领导、专家：

您好！我们是《健康中国背景下我国青少年体育公共治理体系研究——以四川省为例》课题组。为了了解基层体育的开展状况及体育行政部门的干预状况，特制定该问卷。请您对问卷中的相关问题给出自己的意见，答题没有对错之分，相关信息只用作学术研究，请放心作答。

您统揽该领域发展的全面系统工作，您的判断、见地将给课题研究提供最有效、最直接的帮助，对您的热心帮助和细心填答，在此谨致以深深的谢意！

课题组

填表人基本情况

单位名称：　　　　　　　　　　　　　　　您的职务：

性别：1）男　2）女

年龄：1）30岁以下　2）30~39岁　3）40~49岁　4）50~59岁

　　　5）60岁及以上

职称：1）讲师　2）副教授　3）教授

是否体育专业出身：

　　　1）是　2）否

学历：1）高中　2）大专　3）本科　4）研究生　5）其他

贵单位的实际在册人数为：　　　　人

1. 贵部门是否制订了基层体育开展的年度计划？

A. 是　B. 没有

2. 贵部门对当地基层体育行政干预的力度分配是怎样的？（以下三项相加为10分）

A. 基层竞技体育（　　）B. 基层群众体育（　　）C. 基层学校体育（　　）

3. 贵部门在基层体育开展（学校、群众、竞技）中的资源分配有无明确的标准？标准是什么？

4. 贵部门去年一年共组织开展了＿＿＿＿次体育活动，类型有：＿＿＿＿。

5. 据您了解，贵地区开展基层体育活动的组织类型有：＿＿＿＿。

A. 各街道办事处组织开展　　　B. 健身俱乐部内部活动

C. 各单项体育协会自发活动　　D. 体育局主办各种赛事

E. 群众自发开展　　　　　　　F. 企事业单位组织开展

6. 贵部门对当地中小学校的体育活动开展是否进行干预？_____，干预的方式是_____。

7. 目前为止，在贵部门登记注册的体育单项协会共有_____个。

8. 目前为止，在贵部门登记注册的体育俱乐部有_____家。

9. 贵地区基层体育开展实施行政干预的主要途径有哪些：_____（单选或多选）

　　A. 培养输送竞技体育人才　　　B. 下派社会体育指导员

　　C. 委派基层体育组织管理人员　　D. 体育赛事的组织与管理

　　E. 划拨体育经费扶持　　　　　　F. 制定颁布各种体育奖惩条例

　　G. 配备基层体育设施　　　　　　H. 协调、监管体育场地设施的使用

　　I. 为群众体育提供宣传和健身指导　J. 组织管理各晨、晚练点的事务

　　K. 监管体育俱乐部的市场运营　　L. 为当地群众提供体制监测服务

　　M. 其他

10. 贵部门组织开展基层体育活动经费来源包括：

　　A. 上级体育财政拨款，年均拨款金额约_____万元

　　B. 地方财政拨款，年均拨款金额约_____万元

　　C. 地方企业赞助，年赞助金额约_____万元

　　D. 单位或会员集资，年集资金额约_____万元

　　E. 体育彩票基金划拨，年拨款金额约_____万元

　　F. 体育部门独立创收，年创收金额约_____万元

　　G. 由各单项体育协会自行筹集_____万元

　　H. 其他_____万元

11. 贵部门在当地基层体育实施行政干预方面的力度分配是怎样的，干预力度从高到低分别以"5；4；3；2；1"表示；然后请在后边就各自的干预效果进行自评打分，满分10分。

干预途径	5	4	3	2	1	效果满意度 （按10分制自评打分）
A. 培养输送竞技体育人才						
B. 下派社会体育指导员						
C. 委派基层体育组织管理人员						
D. 体育赛事的组织与管理						
E. 为基层体育活动提供经费						
F. 制定颁布各种体育奖惩条例						
G. 配备基础体育设施						
H. 协调、监管当地体育场馆的使用						
I. 为群众体育提供宣传和健身指导						
J. 组织管理当地各晨、晚练点的事务						
K. 监管体育俱乐部的市场运营						
L. 为当地群众提供体质监测服务						
M. 其他						

12. 您对与上级体育主管部门工作协调关系的处理满意度为：_____

A. 非常满意　　B. 满意　　　C. 一般　　　D. 不满意　　　E. 非常不满

13. 贵部门开展基层体育工作面临的主要困难是：_____

A. 基层体育任务太重

B. 部门内部管理任务太重

C. 权限太小，无法有力协调不同部门开展工作

D. 体育场地设施建设跟不上

E. 基层群众体育热情不高

F. 缺乏上级业务部门的指导

G. 缺乏体育活动资金

H. 体育活动管理力量不足

I. 缺乏相应法规支持

J. 其他

14. 贵地区的群众体育协会有哪些？

问卷到此结束，请检查有无漏选，再次感谢您的填答！

附录2：转型时期我国基层青少年体育行政干预影响因素调查问卷

尊敬的各位领导、专家：

您好！我们是《健康中国背景下我国青少年体育公共治理体系研究——以四川省为例》课题组。为了解我国基层体育活动健康开展的影响因素，特制定以下问卷，请您根据自己的判断对以下各影响指标的重要程度赋值。例如，如果您认为基层竞技体育的发展对基层体育活动的开展影响最大，则在"5"对应格中打"√"；若认为该指标对基层体育活动的开展影响一般，则在"3"对应格中打"√"。各指标影响作用的从大到小用"5、4、3、2、1"表示。

您是该领域的权威专家，您的判断将对课题研究起到关键性作用，对您的热心帮助和细心填答，谨致以深深的谢意和敬意！

课题组

(一) 填表人基本情况

单位名称：　　　　　　　　　　　　　　您的职务：

性别：1) 男　2) 女

年龄：1) 30岁以下　2) 30～39岁　3) 40～49岁　4) 50～59岁

　　　5) 60岁及以上

职称：1）讲师 2）副教授 3）教授

是否体育专业出身：

1）是   2）否

学历：1）高中 2）大专 3）本科 4）研究生 5）其他

(二) 请就下列各指标因素的重要程度按上所述标准赋值打分

序号	影响因素	5	4	3	2	1
1	上级部门的经费扶持					
2	上级部门的监督评估					
3	基层体育部门的政策导向					
4	基层体育部门的人员配备					
5	基层体育部门的职责划分					
6	基层体育部门的规章制度					
7	基层赛事的组织与管理					
8	基层体育组织的建设与管理					
9	基层体育部门的服务供给					
10	社会体育指导员的培训与管理					
11	基层体育资源的科学分配					
12	基层媒体的宣传报道					
13	基层企业集团的赞助效应					
14	基层公共体育场地、器材设施等					
15	学校体育场馆设施的开放度					
16	基层相关部门的协调配合					
17	体育参与者的收入水平					
18	体育参与者的体育意识					
19	体育参与者的锻炼技能					
20	体育参与者的健康状况					

续表

序号	影响因素	5	4	3	2	1
21	体育参与者的年龄					
22	体育参与者的性别					
23	体育参与者的职业					
24	体育参与者的学历					

问卷到此结束，请检查有无漏选，再次感谢您的填答！

附录3：我国基层青少年体育发展相关访谈提纲（体育部门负责人）

1. 体育部门在生产和供给青少年体育产品和服务的过程中遇到过什么样的部门间协调障碍？

2. 体育部门在生产和供给青少年体育产品和服务的过程中采取的主要方式有哪些？

3. 体育部门在生产和供给青少年体育产品和服务的过程中与哪些类型的社会组织有合作？合作形式是什么？

4. 体育部门今后会采用什么样的形式与青少年体育产品和服务的生产组织/机构合作？

5. 体育部门今后会给予参与青少年体育产品和服务生产的体育组织什么形式的激励举措？

附录4：我国基层青少年体育发展相关访谈提纲（青少年体育社会组织负责人）

1. 你们在生产和供给青少年体育产品和服务的过程中遇见过什么困难和障碍？

2. 体育、教育等部门为你们的日常经营及发展提供了哪些服务和帮助？

3. 你希望体育管理部门采取什么形式与青少年体育组织合作？

4. 您所在的组织/企业与体育部门、教育部门、共青团等组织/机构有合作吗？合作形式如何？

5. 您所在城市是否出台过促进青少年体育组织发展的激励政策？

附录5：部分相关研究成果

校园足球的教育价值及其实现途径

刘 雨

摘　要：教育部为指导各地中小学深化足球教学改革，积极推进校园足球普及，制定了《全国青少年校园足球教学指南（试行）》（以下简称《指南》）。但在实践过程中，体育教师面临操作性的问题，如何在贯彻《指南》的过程中实现校园足球的教育价值，还缺少有效的途径。运用文献研究法，在归纳分析文献基础上，分析校园足球的教育价值，认为校园足球的价值分为个体价值和社会价值，并提出校园足球价值实现的途径，为当前足球课程改革提供思路与方法。

关键词：校园足球；教育价值；教学改革；足球课程

文章来源：《首都体育学院学报》2019年第5期

《中国足球中长期发展规划（2016—2050年）》（以下简称《规划》）中提出，要加强校园足球建设，把足球列入体育课教学内容，发展足球社团，培养足球兴趣，开展足球竞赛活动，不断培育足球爱好者和足球人才。深化足球教学改革，形成内容丰富、形式多样、因材施教的青少年校园足球教学体系。到2020年全国特色足球学校达到2万所[1]。笔者认为，足球课程是校园足球活动中最基础的单元，通过扩大青少年足球参与规模，培养青少年学生对足球的兴趣和教授足球技能，以此来发挥校园足球立德树人的教育功能。足球课程如何大范围普及与推广、校园足球的价值如何定位、校园足球的教育价值如何实现，这些问题关系着校园足球发展的方向，是目前校园足球活动开展中急需解决的问题。

足球课程是实现校园足球教育价值的主要途径。教育部为指导各地中小学深化足球教学改革，积极推进校园足球普及，制定了《全国青少年校园足球教学指南（试行）》（以下简称《指南》）。《指南》是《体育与健康课程标准》在足球运动项目上的具体落实。《指南》以目标引领内容，注重青少年学生足球意识、观察能力、交流能力和协作能力的培养。但在实践过程中，体育教师面临操作性的问题，如何在贯彻《指南》的过程中实现校园足球的教育价值，还缺少有效的途径。基于以上，本研究以"校园足球""教育价值""足球教学""足球课程""青少年足球训练"等为主题或关键词，在中国知网及 Science Citation Index Expanded 查阅了从 2001 年 1 月—2016 年 10 月的中、外相关文献 200 余篇，并选择了核心期刊文献 50 余篇进行阅读和整理。同时，查阅国内外足球训练学专著 12 部，为本研究厘清研究思路奠定了基础，并为相关论述提供了理论支撑。本文在归纳分析以上文献的基础上，分析足球课程的教育价值并提出实现途径，为当前足球课程改革提供思路与方法。

1 足球课程的教育价值

"价值"是从人们对待满足他们需要的外界物的关系中产生的。价值形成源于主体需要，价值形成的条件是客体具有满足主体需要的属性，价值的实质是在实践基础上主、客体之间需要与满足需要的关系的不断生成，是主体和客体之间相互作用的结果[2]。校园足球的教育价值是足球教学对青少年学生所呈现出的教育意义，在教与学的互动过程中所表现出来的满足与被满足的属性，这种属性既受项目特点的影响，也随着时代变迁和社会、经济发展而不断变化。

我国大多数学者认为，教育价值可划分为内在价值与外在价值，内在价值即事物对人的价值，外在价值即事物对社会的价值，并强调二者的统一[3]。本文从个体价值与社会价值两个方面探讨校园足球的教育价值。

1.1 校园足球的个体价值

1.1.1 促进人的全面发展的价值

校园足球教育价值的内在价值即校园足球在教育中的价值，是指足球课程对青少年学生具有哪些价值，即校园足球教学活动应该达到什么目的、对青少年学生有哪些教育价值和教给青少年学生哪些有价值的知识。教育的目的是促进"人的全面发展"[4]，校园足球是学校体育的一部分，是实现人的全面发展中促进身体发展的教育过程，这是校园足球与竞技足球的主要区别，也是校园足球课程的意义所在。《中国足球改革发展总体方案》（以下简称《方案》）把校园足球作为促进青少年健康成长的基础性工程，赋予了校园足球提高学生综合素质的功能，这正是人的全面发展的具体体现。另一方面校园足球课程还具有全面教育的功能。《方案》提出使参与足球运动成为体验、适应社会规则和道德规范的有效途径[5]。这说明了校园足球功能的多样性。足球运动与学校体育结合也要充分发挥教育的作用，在增强青少年学生的体质、提高足球专项技能的同时，促进个体综合素质提升、完善人格、实现自我价值、培养足球运动兴趣，体验、适应社会规则与道德规范，使学生身心和谐统一。

1.1.2 促进青少年自我价值感的实现

校园足球是实现学生自我价值感的有效途径。自我价值感的实质是个体对"自我实现"或"被尊重"的需求。自我价值感与个体自我实现的过程相关联，自我价值感的实现是人的最高层次的需求。参加校园足球的青少年学生对自我价值感有稳定强烈的需要或渴望，青少年学生需要通过自我价值的实现过程来获取本人或他人的尊重，证明自己的价值。在这个过程中，青少年学生首先有安全需要，包括人身安全、健康保障和道德保障。其次，是社交的需要。在足球教学中，青少年学生学会集体交流的技巧，融入集体、收获友谊。再次，有效地学习，感受足球运动的快乐，获得自信心。第四，能挖掘青少年学生的潜能，满足解决问题与创造性学习的需要。在这四个层次中，当某一层次的需要相对满足了，就会向高一层次发展，追求更高一层次的需要就成为驱使足球运动参与的动力。校园课堂是动态的、复杂的，青少年学生在足球课程学习中，其生理、心理、人际关系等诸方面都发生着变化，它们相互交织、相互作用，在这些因素的影响下，青少年学生的自我价值感也在不断发展变化。

1.1.3 增长足球运动的知识与技能

足球课程能够使学生掌握足球运动的基本知识与技能。足球运动知识与技能教学目标包含了两个部分内容：一是有关足球运动的理论知识；二是足球的基本运动技能。足球的基本理论知识对于青少年学生提高理论知识水平，激发学习兴趣和参与足球运动有积极的作用。同时理论知识与技能实践相结合，有利于青少年学生将足球运动的理论知识内化为具有切身体验的身体感知与可观测的运动技术。足球技能是足球比赛的基础，掌握了足球的基本技能，才能参加竞赛，在竞赛中才能体验足球运动的乐趣，身体才能得到锻炼，体质健康水平才能提高，逐渐形成健康的生活方式，并在长期的团队合作中学会表达、交流、沟通，以及组织、协调、合作等。

1.2 校园足球的社会价值

校园足球的社会价值就是指校园足球对其他事物的作用与意义，主要体现在对人的发展和社会发展的影响。有研究者认为，教育的社会价值即教育的价值，是指怎样的活动才具有教育意义上的价值，包括成才和对社会发展的作用。

1.2.1 培养社会主义全面发展的人才的途径

随着时代的发展和社会的进步，学校体育在培养学生全面发展方面作用越来越凸显。"教育对所有已满一定年龄的儿童来说，就是社会生产同智育、体育相结合，这不仅是提高社会生产力的一种方法[6]，而且是造就全面发展的人的唯一方法"。校园足球可以提高青少年学生的综合素质，正符合了促进人的全面发展的马克思主义教育观。

1.2.2 校园足球活动能有效地增进青少年学生的体质健康水平

《中共中央国务院关于加强青少年体育、增强青少年体质的意见》明确指出，"增强青少年体质，促进青少年健康成长，是关系国家和民族未来的大事"。足球运动具有特殊的魅力，足球运动对青少年身心健康具有全面的促进功能。研究证明，每周进行 3 次持续时间为 1 小时的足球活动能够有效促进人的身心健康。校园足球就是要充分发掘、发挥足球运动在青少年学生中的独特价值和综合教育功能，通过校园足球活动的开展，带动校园体育活动和"阳光体育"的进一步发展，对促进青少年强身健体、全面发展，夯实我国足球人才基础，具有极其重要的战略意义。同时，校园足球还是开展素质教育的途径。在校园足球活动过程中，青少年学生在心理素质、身体素质、运动技能等方面得到全面发展，为社会主义事业培养全面发展的人才。

1.2.3 校园足球活动成为体育教育改革的抓手

校园足球活动从青少年学生的兴趣出发，强调促进人的全面发展，重视教学内容与教学目标的衔接和对体质健康的促进作用，这也是目前体育教学改革的重要领域。随着我国教育领域的深化改革，形成的政策、激励机制和青少年学生足球特长纳入学生综合素质评价，进行记录并形成档案等措施，使得校园足球对其他体育项目开展具有了示范作用。2016 年教育部校园篮球、排球等集体项目的推进正是校园足球开展模式示范的拓展与深入。

1.2.4 夯实足球人才基础，是提高我国足球竞技水平的必经之路

近年来，随着我国对职业足球管理的加强，职业足球发展迅速，高水平足球运动员陆续出现在中超赛场上，中超联赛凸显国内球员在技战术上的巨大差异，也成为制约中超联赛发展的瓶颈。国家足球队在亚洲赛事上的失利引起国内业界对中国足球发展的深层次思考，提高我国足球竞技水平必须建立科学的后备人才培养体系，成为共识。校园足球是足球竞技人才培养的基础，只有夯实基础，才能有助于发现足球人才。培养足球人才，才会有越来越多的高水平足球项目后备人才涌现。

1.2.5　校园足球也是足球产业发展的基石

足球项目是我国体育事业中最大的单项,观赏性强、对抗性强、娱乐性强与参与性强,使其成为极具吸引力的赛事活动,也使得足球产业发展具有了较大潜力。按照中国体育产业 2 万亿元市场空间计算,足球产业的市场空间在 8 000 亿元以上。因此,足球产业得到了我国政府的高度重视。《国务院关于加快发展体育产业促进体育消费的若干意见》强调,以足球、篮球、排球三大球为切入点,加快发展普及性广、关注度高、市场空间大的集体项目,推动产业向纵深发展。对发展相对滞后的足球项目制定中长期发展规划和场地设施建设规划,大力推广校园足球和社会足球[7]。《中国青少年校园足球发展规划(2015—2025 年)(征求意见稿)》被业内人士称之为校园足球的"2.0 计划"。《中国足球中长期发展规划(2016—2050 年)》[8]提出促进足球产业与相关产业的融合发展。这些政策的推行,必然使我国校园足球与足球产业产生紧密联系,校园足球的开展将为未来的体育消费者和管理者培养后备人才,是未来足球产业不可或缺的组成部分。

2　校园足球教育价值的实现途径分析

2.1　建立足球教学的安全保障机制

足球场地不足是目前校园足球有待解决的突出问题。为了解决校园足球场地短缺问题,我国加大了校园足球场地建设力度。每所中小学足球特色学校均建有 1 块以上足球场地,有条件的高等院校均建有 1 块以上标准足球场地,其他学校创造条件建设适宜的足球场地。提高学校足球场地利用率,加快形成校园足球场地与社会足球场地开放共享机制。《中国足球中长期发展规划（2016—2050年）》中提出："足球场地设施重点建设工程包括，全国修缮、改造和新建6万块足球场地，使每万人拥有0.5~0.7块足球场地，其中校园场地4万块，社会场地2万块。"[8]

现阶段各个学校通过校内场地规划和社会租用、共建等解决目前足球场地短缺的困境，但比校园足球场地短缺更突出的是场地安全性的问题。校园足球场地大多数是人工草坪，人工草坪具有外观鲜艳、使用寿命长、养护费用低等优点，大多数中小学由于经费有限铺上了最低标准的人工草坪。这样的人工草坪存在一些隐患：首先是草丝质量不高，运动性能不达标；其次是草丝和充砂胶粒环保性能不强；最后是大多数人造草皮球场地面是混凝土沥青，缺少减震层，长期在这样的场地上教学与训练，存在运动损伤风险。校园足球增加场地供给的同时，应参考国际上的人工草坪和沙土地足球场地标准，建立我国校园足球场地安全标准，并把足球场的数量与安全性作为校园足球特色学校的基本遴选指标。

足球课程中的安全性保障还需要体育教师与青少年学生双方共同建立。体育教师要从思想上重视，上课前对青少年学生进行安全意识教育，检查足球场地和器材，合理安排运动量与强度，在教学过程中要加强运动损伤防护。但是，即使做了全面的预防，鉴于足球运动的高对抗性的项目特征，在教学与训练中很难避免运动损伤事故。依据《学生伤害事故处理办法》第8条：因学校、学生或者其他相关当事人的过错造成的学生伤害事故，相关当事人应当根据其行为过错程度的比例及其与损害后果之间的因果关系承担相应的责任。这也是中小学学校与体育教师在足球教学中主要的顾虑。因此，要消除中小学学校与体育教师在足球教学活动中的顾虑，应建立相应的意外损伤和事故的保险保障机制，保障中小学学校和体育教师安全、有序地进行足球教学活动，使青少年学生体验足球运动的乐趣。

2.2 建立全面发展的足球教育模式

在《指南》中，按照足球技能的学习规律和青少年身心成长规律设置了三个阶段的技战术学习内容，提出了要培养青少年学生足球兴趣、合作意识和规则意识。"初中阶段通过足球活动树立自尊和自信，培养顽强拼搏的精神""掌握足球比赛的基本要素和竞赛规则，提高控球能力，能够在对抗条件下展现足球基本技战术能力""高中阶段进一步发展对抗条件下的足球技战术能力，培养特长技术和位置意识"[9]。通过足球运动养成良好的体育锻炼的习惯。发展青少年学生足球运动对抗中技战术的综合运用能力。在足球活动中表现出良好的体育道德和合作精神。注重培养青少年学生的团队合作意识。但是《指南》没有将心理健康与社会适应目标分解在每次课中，相对于较为完备的技能指标，大多数体育教师对如何完成心理健康与社会适应目标应有的措施与手段还不够明确。

根据《体育与健康课程标准》，足球教学目标应该包括足球参与、身体健康、心理健康与社会适应四个学习方面。它们是一个相互联系的整体，各个方面的目标主要通过足球的技战术练习，也就是足球参与来实现，通过积极参与足球活动来达到技能、身体、心理与社会适应的协调发展。

2.2.1 建立以兴趣为导向的难度适宜的足球技能学习体系

在技能学习上，足球课程教学目标，是高效快速地教青少年学生学会与改进足球运动技能。在以往的足球教学中，体育教师往往把教学重点放在运动技术的学习上。对于儿童、青少年而言,足球技术的熟练掌握无疑是一个具有难度的学习任务,需要多次的相对单调与枯燥的练习,在这个过程中,青少年学生对足球课的兴趣会逐渐降低,足球技术学习的失败也易使青少年学生的学习信心受挫。因此,在足球课程教学中,要使学生"学会"足球运动技术,就要根据青少年学生身心发展规律,以及足球运动技能学习规律,以青少年学生的实际运动技术水平、学习能力为依据,合理安排学习的难度,切忌揠苗助长。在足球课程教学初始阶段可以采用闭合的教学环节,教导青少年学生掌握正确的足球运动技术。当初步掌握足球运动技术后,体育教师要多采取开放式的练习情境,创造不同的教学情境,培养青少年学生在不同的教学情境中做出规范的足球技术动作,而不是将足球运动技术经验和知识强行灌输给青少年学生。同时,要根据青少年学生的年龄和运动技术水平引入竞赛元素,使青少年学生尽快由单一竞争进入比赛状态,激发青少年学生的学习兴趣。青少年学生的竞赛元素可以根据年龄从空间、器材与比赛人数三个方面来设置。如表1。

表1 中小学比赛设置情况

阶段	比赛形式	球员规格	场地规格	球门规格
小学	1~3年级为5V5	1~4年级为3号	1~3年级为(30 m×20 m)~(40 m×30 m)	1~5年级为3.6 m×1.8 m
	4~6年级7V7	4~6年级为4号	4~6年级为(50 m×30 m)~(60 m×40 m)	
			6年级为(70 m×40 m)~(80 m×50 m)	6年级为4.9 m×2.1 m

续表

阶段	比赛形式	球员规格	场地规格	球门规格
初中	初一年级为9V9	4号	9V9： （70 m×40 m）~ （80 m×50 m）	4.9 m×2.1 m
	初二和初三年级 为9V9到11V11		11V11： （90 m×50 m）~ （100 m×60 m）	
高中	高一年级为 9V9或11V11	5号	（90 m×50 m）~ （110 m×70 m）	4.9 m×2.1 m
	高二和高三年级为11V11			7.32 m×2.44 m

注：本表参考英国 FALEVELI 教材编制。

比赛设置要根据不同年龄段青少年学生的运动技术水平，并随着对足球课程教学的学习的深入与身体的发展，足球比赛的难度要逐渐增加，最后过渡到足球竞技比赛。体育教师应了解教学性质的比赛与竞技比赛有明显的差异，足球课程教学中要淡化竞技因素，不宜给青少年学生造成较大压力，这样才能使青少年学生在比赛过程培养学习兴趣和享受足球运动的乐趣。

2.2.2 发挥足球的健身功能，增强青少年学生的体质

校园足球课程教学的一个主要目标是促进青少年学生的身体生长。足球运动是有氧运动与无氧运动的混合，校园足球课程能有效增强青少年学生的有氧耐力与无氧耐力。研究表明，长期参与足球运动的青少年，在身高、体重方面要明显优于其他青少年[10]。在充分发挥足球健身功能的同时，体育教师还要通过足球课程设计适合青少年学生年龄和生理特点的身体素质练习的教学方案，使青少年学生的力量、速度、灵活性、反应力、爆发力、协调性与平衡能力等得到提高。

中小学的足球课程教学过程同时也是青少年学生身体生长发育的过程，体育教师作为教学的主导者，必须对其教学对象有一个正确的认识。在足球课程教学中既要注意每名学生的个性特点，同时也必须掌握青少年学生生理、心理特点（图1）。只有这样才能合理制定教学目标，科学安排足球课的练习负荷，抓住青少年学生身体素质增强的敏感期，防止练习强度不足和过度练习的情况发生。

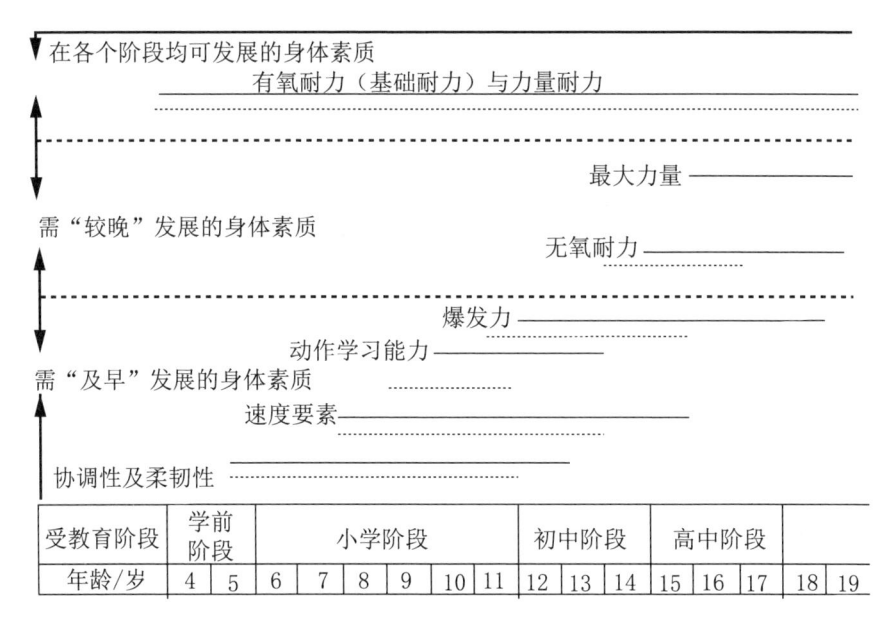

在各个阶段均可发展的身体素质															
有氧耐力（基础耐力）与力量耐力															
需"较晚"发展的身体素质							最大力量								
								无氧耐力							
							爆发力								
						动作学习能力									
需"及早"发展的身体素质															
					速度要素										
协调性及柔韧性															
受教育阶段	学前阶段		小学阶段						初中阶段			高中阶段				
年龄/岁	4	5	6	7	8	9	10	11	12	13	14	15	16	17	18	19

注：参考青少年足球训练纲要与教法指导编制。

图1 儿童、青少年学生身体素质发展阶段划分

在小学阶段，可以在足球课程教学中安排一些足球游戏来发展青少年学生的协调性、柔韧性和速度，培养青少年学生的足球运动技术学习能力。练习强度应较小，密度可相对加大，即一堂足球课上青少年学生的平均心率小、练习负荷小。在初中阶段，在增强协调性、柔韧性和速度时，在培养青少年学生的足球运动技术学习能力的基础上，加入爆发力与无氧耐力练习，练习强度和练习密度要适宜，练习负荷可有所提高，从而磨炼青少年学生的意志品质，即一堂足球课上青少年学生的平均心率中等、练习负荷中等。在高中阶段，要加入有氧耐力、无氧耐力和爆发力、最大力量练习，通过练习密度和练习强度来提高青少年学生对足球运动技术的熟练程度，最终使足球运动技术定型，练习负荷量较大，即一堂足球课上青少年学生的平均心率中等以上、练习负荷中等以上。在各个受教育阶段，有氧耐力与力量耐力都是足球课程的常规练习内容。

2.2.3 将教学与青少年学生心理特点相结合，促进青少年学生心理健康

在小学阶段，随着儿童、青少年对足球课程的学习和社会交往范围的进一步扩大，他们的思维逐渐由具体的形象思维过渡到抽象的逻辑思维，在概念的掌握、判断能力和推理能力方面有了较大发展。在教学过程中，体育教师要注意平衡基础理论讲解与动作示范之间的关系。一方面要多采用较直观的形式进行动作示范；另一方面要有选择性地采用一些专业术语进行讲解；根据儿童、青少年注意力的特点及培养较高学习动机的要求，练习要多样化。体育教师要注意树立自身的良好形象，成为儿童、青少年学生喜爱的学习榜样，要在足球课上营造良好的学习氛围，不可表现出对个别学生偏爱的倾向。

在中学阶段，中学生的思维属于理论型逻辑思维，他们的思维是一种抽象的逻辑思维。中学生学习的目的性和自觉性有所增强、注意力持久性有所提高、思维的准确性和概括性有所提高。从记忆的发展规律来看，意义识记成为识记的主要手段，有意记忆处于支配地位，处于个体记忆发展的最佳时期。中学生的情绪还存在两极性，即情绪的强度、稳定性等方面具有两极性。

例如：可变性和固执性共存，内向性和表现性共存。足球课程教学过程中，可以使用大量的专业术语进行讲解，但动作示范仍是不可或缺的重要教学方法。体育教师对处于心理转折期的中学生，要注意与他们的沟通与交往，学会尊重他们的合理要求，对于中学生学习中出现的问题要积极引导，对于他们取得的成绩要积极鼓励。

在中学阶段，中学生正处于成长的关键时期，在学习、生活、练习过程中会遇到各种心理问题，作为体育教师要注意发现中学生存在的心理问题，并给予关心和帮助。在生活与教学中，中学生常常会出现适应不良现象，他们不能很好地适应环境、适应生活、适应身心发展规律，从而造成在学业上、生活上和人际关系上出现问题。中学生适应不良的主要表现有学习厌倦、测试焦虑、自卑感、嫉妒感、猜疑感、孤独感及挫折感等。这些不适应行为形成的原因，与家庭、学校和社会密切相关。由于一些父母对子女教育方法不当，生活上过度溺爱，在学习上又要求过严，造成中学生一方面依赖性强，过于强调自我，缺乏责任心，从而出现焦虑、抑郁。同时，由于部分中小学学校对素质教育认识不足，忽视了对中学生进行心理健康的教育，中小学学校与体育教师应采用针对性策略来预防和解决中学生出现的心理问题。

2.2.4 "显性任务与隐性任务相结合"，促进青少年学生的社会化

体育社会化是指通过体育进行社会化的过程，即人们通过参加体育活动，提高身体素质，培养社会角色，了解体育的价值与掌握体育规则，促进个性形成与个体社会化的过程。中小学被认为是次要的社会化社会组织[11]。校园足球课堂是最好的社会化平台，在足球活动中，能培养儿童、青少年学生学会合作、融入团队、学会竞争、经历成功与失败的意志品质，足球运动对青少年自我评价、自我体验和自我控制的发展，以及社会交往能力的提高有重

要促进作用。

在中小学学校里，青少年学生的社会化是通过社会学习来进行的，体育教师可以较充分地计划和组织这种社会学习，采用"显性任务与隐性任务相结合"模式在足球课堂中教会青少年学生基本的足球技术、技能，提高身体素质，同时，还要完成激发青少年学生对学习的兴趣，开发青少年学生的智力、体验良好的情感、体会足球运动的乐趣、陶冶高尚情操、塑造完全人格的"隐性"任务。这种模式可充分体现出足球教学的全面性，从而实现促进人的全面发展的教学目标，并形成良好的足球课堂文化氛围，引导青少年学生形成正确的行为规范和价值观。

3 足球人才培养体系要区别"普及"与"提高"，建立两者衔接渠道

足球课程的目的是普及足球运动，在足球课程中，使儿童青少年学生感受足球的乐趣，促进其身心健康发展，要淡化竞技因素。（1）让有天赋的儿童青少年学生通过课外训练和课外竞赛来发展他们的足球运动技术水平，建立足球人才识别系统，让有潜能的学生进入足球竞赛训练体系；（2）建立青少年足球训练大纲，科学地引导青少年足球运动技术的可持续提升；（3）建立足球竞赛训练的上升通道，在各省市中小学和高中学校范围试点建立高水平足球学校，使具有足球运动天赋的青少年学生能不断进入更高水平的足球训练和竞赛系统。高等学校要拓宽高水平足球运动员的录取通道，使足球特长高中生能进入大学学习，要在高等院校间建立高水平的校园竞赛体系，逐渐与职业足球联赛接轨，以此形成从普及到提高的完整体系。

4　规范化治理足球培训体系

对于校园足球活动的开展，体育教师具有至关重要的作用。目前，体育教师数量不足、专业技术水平有待提高是校园足球活动开展的主要制约因素。虽然当前各级各类培训活动丰富，但是，仍不能满足全国众多的中小学体育教师培训的需求。"国培"与"省培"一般采用专业体育院校本科教材和中国足协 D 级教练员的培训教材，对大多数没有足球运动技术基础的体育教师来说，短暂的培训期很难掌握规范的足球运动技战术体系知识，学习的内容很难转化到教学实践过程中。此外，足球技能学习对中小学学生，尤其是零基础的小学生来说，他们难以胜任高难度的足球运动技术学习。而校园足球培训中存在的不足，使体育教师在足球课程教学和课余训练中应用所学知识时发挥的作用具有一定的局限。因此，在校园足球的培训中，应区分体育教师与足球教练来开展培训。对体育教师而言，应以推动足球运动普及为目标，在培训时应贯彻校园足球课改的相关理念，可以借鉴"学转英超"的培训模式，向体育教师教授基本的足球运动教学方法，体育教师应用教学方法引导青少年学生在足球技能、身体素质、心理健康与社会适应协调发展。对校园足球教练员的培训而言，要建立小学、中学、高中和大学的四级培训模式，结合青少年足球训练大纲中不同年龄段的训练内容，向校园足球教练员教授最新的训练理论与方法，使校园足球教练员的训练水平得到提高。

随着校园足球活动的开展和职业足球联赛的发展，大量的足球培训机构如雨后春笋般涌现，既有国外的高水平足球俱乐部与培训机构的进入，也有不具有培训能力的培训主体介入，足球培训市场一时鱼龙混杂，相关行政部门对足球培训市场的监管力度不大。因此，针对目前的校园足球社会培训机构要建立准入与分级管理制度，对其具备足球训练的软件和硬件条件进行评估，并根据评估结果进行等级划分，规范不同等级的培训机构的培训范围，并建立足球培训市场监管机制，进行定期评估，以此保障足球社会培训机构的良性发展。

5 结论

校园足球的教育价值有个体价值与社会价值两个方面。

个体价值是指校园足球是促进人的全面发展的教育的一部分，同时足球课程也具有全面教育的功能；校园足球是青少年学生自我价值感的实现途径，在足球运动教学中，青少年学生有安全、社交、有效学习和提高身体素质的需求；使学生掌握参与足球运动基本技能，养成以足球运动为锻炼手段的习惯。

社会价值包括：校园足球能有效地增进青少年学生的体质健康水平；校园足球活动成为体育教育改革的抓手；促进体育教学改革；夯实足球人才基础，是提高我国足球竞技水平的必经之路；校园足球也是足球产业发展的基石。

校园足球教育价值实现的途径为，建立足球教学的安全保障机制；建立全面发展的足球教育模式；足球人才培养体系要区别"普及"与"提高"，建立两者衔接渠道；规范化管理足球培训体系。

参考文献

[1] 中国足球中长期发展规划（2016—2050 年）［EB/OL］.［2019-08-26］. http：//www.ndrc.gov.cn/zcfb/zcfbtz/201604/t20160411_797782.html.

[2] 范巍，马云鹏. 我国学校体育价值及价值实现路径探究［J］. 沈阳体育学院学报，2013，32（5）：101.

[3] 李长吉. 教育价值研究二十年［J］. 高等师范教育研究，2001，13（4）：54.

[4] 高强，韩飞，季浏. 从"人的全面发展"到"完整的人"［J］. 体育学刊，2013，20（1）：14.

[5] 国务院办公厅关于印发中国足球改革发展总体方案的通知［EB/OL］2019-08-26. http：//www.gov.cn/zhengce/content/2015-03/16/content_9537.htm.

[6] 刘苍劲. 论人的全面发展与现代素质教育［J］. 四川师范大学学报（哲社版），2003（3）：82.

[7] 国务院关于加快发展体育产业促进体育消费的若干意见［EB/OL］.［2019-08-26］. http：//xxgk.cncn.gov.cn/art/2018/3/15/art_1440837_16135897.html.

[8] 中国足球中长期发展规划（2016—2050 年）［EB/OL］.［2019-08-25］. http：//www.moe.gov.cn/jyb_xxgk/moe_1777/moe_1779/201604/t20160411_237461.html.

[9] 教育部办公厅关于印发《全国青少年校园足球教学指南（试行）》和《学生足球运动技能等级评定标准（试行）》的通知［EB/OL］.［2019-08-26］. http：//www.moe.gov.cn/srcsite/A17/s7059/201607/t20160718_272137.html.

[10] 侯学华. 全国青少年校园足球活动价值研究［J］. 北京体育大学学报，2012，35（12）：77.

[11] 刘波. 体育与社会化关系研究［J］. 北京体育大学学报，2012，32（11）：90.

公共管理视域下基层体育行政干预的特征、作为及路径研究
——以四川省为例

刘 雨 李 阳

摘 要： 基层体育行政组织作为体育行政管理体系中一个职能部门，是贯彻和落实国家体育基本政策的基本行政单位，在体育事业发展过程中具有至关重要的作用。研究认为，四川省基层体育行政干预呈现出：重竞技、轻群体、弱学校，重指令、轻市场，重建设、轻服务，重结果、轻过程，重内部管理、轻外部实践等特征；制约四川省基层体育开展的诸多因素包括上级监管、职能建设、行政供给、环境保障、行政协调等。基于此，确立基层体育行政部门的法学地位、明确基层体育行政干预的行为重点、加大与基层教育部门的职能协作、积极培育和完善基层体育市场、加紧基层体育场所设施的新建与维护、政府放权积极培育社会体育团体组织等可以提升基层体育行政干预效能。

关键词： 公共管理；基层体育组织；行政干预

文章来源：《广州体育学院学报》2015年第3期

在国家机构改革的大环境下，四川省各县（区）级体育行政部门绝大多数被撤并，行政职权下放至社区和乡镇，现阶段主要包括各区（县）级体育局与文化局或者教育局合并（文体局或教体局）并在街道办事处、乡镇政府下设的文体站（文化站）等机构。经历拆分重组之后的基层体育行政机构在

国家行政机关中的地位和作用发生了变化，出现了一部分行使管理职能的政府延伸机构。同时看到，在职能部门分工、组织、指导、协调、监督本地区体育相关工作也仍然处于脱节的矛盾状态，更多地表现为：体育事业经费短缺，体育活动开展受阻；管理体制改革不到位，基层体育行政组织管办不分；政策法规的落实不到位，各种遗留问题未得到解决；激励机制与监督机制不健全，行政工作缺乏动力支持等。这一变化不仅为机构职能设置转变与管理效能提高带来了契机，也为基层体育行政干预的创新提出了新的挑战。

在公共管理视域下，基层行政干预需要明确以公共利益为追求和以价值理念为导向。作为我国体育事业发展的基础的基层体育行政组织的行政干预如何进一步完善，体育行政干预手段和方法如何进一步规范以实现自身与时代的同步发展，体育组织的职能如何向群众体育、体育市场等多元化方向发展，不仅与群众联系最为紧密，更关系到体育事业的整体发展、国家体育治理体系的建设和促进体育治理效能的提升。为此，通过进一步明确基层体育行政部门在体育事业发展过程中职能与作用，使其目标定位更加合理，有针对性地提出改革措施，并最终形成能够有效促进我国体育事业发展的变革策略，具有重要的理论价值和现实意义。

1　四川省基层体育行政干预的表现特征

行政干预，是指政府凭借政权力量，依靠从上到下的行政组织制定、颁布、运用政策、指令、计划的方法，来实现国家对行政工作的领导、组织和管理的目的[1]。基层体育行政是对党和国家体育发展路线、方针、政策的具体执行，直接表现为利用行政手段推动地方体育事业全面发展和满足人民群众多样化的体育需求。四川省基层体育行政干预具有以下几个特征。

1.1 重竞技、轻群体、弱学校

资源分配上存在重竞技、轻群体、弱学校的格局。四川省将基层体育行政干预工作的重点放在运动员的训练与管理、输送优秀队员、裁判员教练员队伍建设、退役运动员安置工作等竞技体育发展上。群众体育活动在基层体育行政干预中处于边缘地位。学校体育，因其实际归属教育部门而出现"两张皮"现象，体育行政部门在国家青少年体育发展如"阳光体育""中学生体质达标"等事项缺少策应和推动。

1.2 重指令、轻市场

基层体育行政部门的工作重心主要放在了执行上级行政任务上，对当地体育市场的总体把握、实际调研等投入不够，深入程度不足。从四川省体育局"十一五"规划中的16项目标任务中可以看出，带有行政指令色彩的行政工作占50%以上；而对基层青少年体育俱乐部的培育、体育消费市场的开发、体育娱乐表演的管理等关注不够。

1.3 重建设、轻服务

四川省体育局"十一五"期间为基层社区、农村配备了各种健身设施，如川南某县争取到"雪炭项目"建设一所集篮球、排球、乒乓球、羽毛球等多功能综合体育馆。但相关配套服务却远远没有跟上。一方面，后续规章制度建设滞后；另一方面，存在"只管建、不管维护"的现象，造成大量体育资源闲置浪费。基层体育行政干预应当是一个系统的、全面的过程。

1.4 重内部管理、轻外部实践

基层体育行政队伍的配备及管理内容上，存在内部管理较多、对于外部实践探索较少的现象。首先，有近四成的行政一把手对体育不了解，不少人是"挪位子"才到体育系统，很难实际参与到各种体育项目的普及推广和体育市场开发中。其次，大部分领导"官本位"思想仍较为严重，"大撒把"式管理较突出。外部实践欠缺，对于基层体育行政部门主动掌握市场行情、制定应对策略、了解民众体育所需、提供实际服务无疑起到了阻碍的效果。

2 制约四川省基层体育行政有效干预的影响因素

在充分了解四川省基层体育开展现状和基层体育行政干预现状的基础上，本文就制约基层体育行政有效干预的诸多影响因素咨询了四川省内有关体育院校的体育管理学、学校体育学、社会体育学等方面的专家、学者，以及宜宾市、乐山市、内江市、自贡市、泸州市等体育局局长、副局长以及相关工作人员后，设计了《四川省基层体育行政干预影响因素调查表》《转型时期我国基层体育行政干预特征调查问卷》共两份问卷。在实际调查之初，就问卷的结构效度和内容效度进行了专家评价，效度为0.85，就问卷的信度采用重测法在基层群众中进行了小范围发放，信度达到0.87，符合研究的问卷要求。调查采用E-mail和函调两种形式进行。将收集到的数据信息进行统计，整个统计工作在EXCEL2007软件和SPSS13.0软件上完成，对数据进行基本描述性统计和因子结构分析。

2.1 数据分析结果

2.1.1 数据一致性检验（Kendall's W）及变异系数（Vj）

基层体育行政干预的有效开展往往受到多种因素的影响，地域差异性也比较大。不同的学识背景和职责角色对同一评价变量的判断也会有所区别。

为了检验专家群体对某一问题的评价标准是否基本一致，采用肯德尔和谐系数（Kendall's W）和变异系数作为判断评价一致性的参数指标。通过表1可以看出，此次调查数据的和谐系数为0.734，具有较高的内部一致性。而变异系数的统计表明，在社会指导员的培训与管理、当地企业集团的赞助热情以及体育参与者的健康状况、学历、职业等方面的认识存在分歧，变异系数较高。

表1 内部一致性检验

样本量 （N）	一致性系数 （Kendall'sW）	卡方值 （Chi-Square）	显著性水平 （Asymp. Sig）
22	0.734	248.256	0.000

由表2可见，专家群认为，C17、C18、C19、C20、C21、C22、C23、C24等关于基层体育参与者自身素质的指标并不是制约体育行政干预有效开展的重要因素，其平均得分在总得分的60%以下。其中C17体育参与者的收入水平得分较低提示我们，基层体育的开展与个人的经济收入水平并没有直接的关系，他们的参与动因较为简单，即组织引领、时间空余，增进健康、充实生活是其主要目的。这也暴露出基层体育产业发展滞后的现实状况。对于体育行政部门而言，干预的主要方向应当是如何为基层民众提供包括人力资源、环境资源、技术资源、信息资源等方面的综合服务。

表2 基层体育行政干预影响因素的描述性统计

指标	平均数 Mean	标准差 (Std. Deviation)	变异系数 (Vj)
C1 上级部门的关注扶持	4.32	0.894	0.2069
C2 上级部门的监督评估	4.59	0.734	0.1599
C3 基层体育部门的政策导向	3.95	0.785	0.1987
C4 基层体育部门的人员配备	4.55	0.510	0.1121
C5 基层体育部门的职责划分	3.91	1.151	0.2944
C6 基层体育部门的规章制度	3.95	0.950	0.2405
C7 基层赛事的组织与管理	3.82	0.853	0.2233
C8 基层体育组织的建设与管理	4.41	0.503	0.1141
C9 基层体育部门的服务供给	4.36	0.790	0.1812
C10 社会体育指导员的培训与管理	4.18	0.853	0.2041
C11 基层体育资源的科学分配	4.23	0.922	0.218
C12 基层媒体的宣传报道	3.82	1.006	0.2634
C13 基层企业集团的赞助效应	3.55	0.739	0.2082
C14 基层公共体育场地、器材设施等	4.27	0.456	0.1068
C15 学校体育场馆设施的开放度	4.00	0.511	0.1243
C16 基层相关部门的协调配合	3.45	0.510	0.1478
C17 体育参与者的收入水平	3.27	0.456	0.1395
C18 体育参与者的体育意识	4.00	0.756	0.189
C19 体育参与者的锻炼技能	3.68	0.716	0.1946
C20 体育参与者的健康状况	3.09	1.019	0.3298
C21 体育参与者的年龄	2.73	0.456	0.167
C22 体育参与者的性别	2.45	0.510	0.2082
C23 体育参与者的职业	2.45	0.912	0.3722
C24 体育参与者的学历	2.45	0.739	0.3016

2.1.2 基层体育行政影响因素的因子命名

在初步分析回收数据信息的基础上,对基层体育参与者变量进行剔除并对其他因素进行主成分分析,采用方差极大旋转的方式,共提取特征根>1的公因子6个。各因子的特征根值及其累积贡献率(见表3)。从表3可以看出,所提取的公共因子累积贡献率达到100%,结合因子提取的"高山碎石图"认为,该结果基本能够解释问题的大部分信息。(表4)

表3 基层体育行政干预影响因素因子分析特征根植及累积贡献率

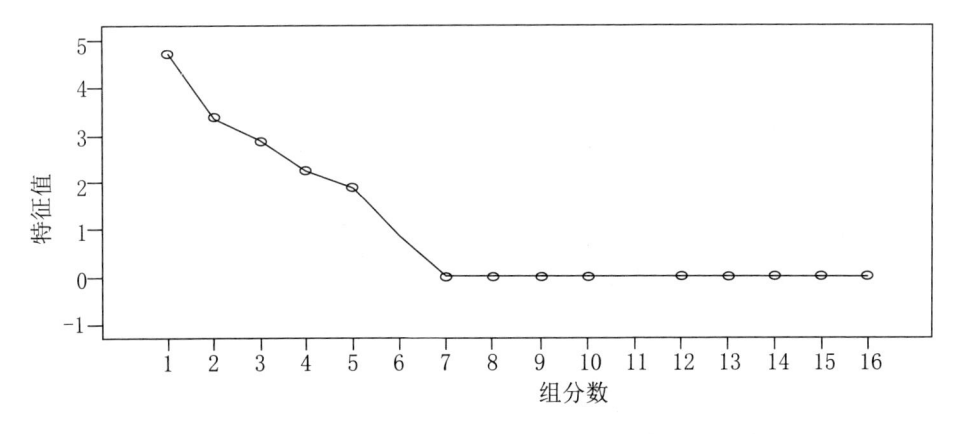

相关因素	初始特征值 全部特征值	初始特征值 方差贡献率	初始特征值 累积贡献率	提取平方和 全部特征值	提取平方和 方差贡献率	提取平方和 累积贡献率	旋转平方和 全部特征值	旋转平方和 方差贡献率	旋转平方和 累积贡献率
1	7.483	27.716	27.716	7.483	27.716	27.716	5.801	21.484	21.484
2	7.280	26.965	54.680	7.280	26.965	54.680	5.467	20.248	41.732
3	4.449	16.476	71.157	4.449	16.476	71.157	4.797	17.766	59.498
4	3.574	13.237	84.393	3.574	13.237	84.393	3.948	14.623	74.121
5	2.336	8.650	93.043	2.336	8.650	93.043	3.756	13.909	88.031
6	1.878	6.957	100.000	1.878	6.957	100.000	3.232	11.969	100.000

碎石图

表 4　因子分析初始矩阵

	_____相关因素_____					
	1	2	3	4	5	6
C1 上级部门的关注扶持	-0.457	0.701	-0.525	-0.036	0.150	-0.007
C2 上级部门的监督评估	0.287	0.634	0.474	0.006	-0.482	0.241
C3 基层体育部门的政策导向	-0.133	0.308	0.407	0.500	0.557	-0.402
C4 基层体育部门的人员配备	0.589	0.435	-0.618	-0.017	0.013	0.285
C5 基层体育部门的职责划分	0.470	0.104	-0.737	0.473	0.001	0.033
C6 基层体育部门的规章制度	0.952	-0.246	0.022	-0.149	-0.037	-0.092
C7 基层赛事的组织与管理	0.530	0.089	0.158	-0.806	0.180	-0.061
C8 基层体育组织的建设与管理	0.418	-0.089	0.338	-0.763	0.314	0.149
C9 基层体育部门的服务供给	0.721	-0.256	0.153	0.048	-0.228	-0.581
C10 社会体育指导员的剧Ⅱ与管理	0.958	-0.134	-0.114	0.064	0.215	-0.043
C11 基层体育资溉匀科学分配	-0.273	0.272	0.709	-0.575	0.125	-0.055
C12 基层媒体的宣传报道	0.212	-0.873	-0.032	-0.040	0.162	0.404
C13 当地企业集团的赞助效应	0.655	0.280	0.397	-0.289	0.010	0.502
C14 基层公共体育场地、器材设施等	0.177	0.056	-0.138	0.236	0.912	0.242
C15 学校体育场馆设施的开放度	0.519	0.101	0.059	0.704	0.018	0.470
C16 基层相关部门的协调配合	0.566	-0.407	0.055	0.322	0.377	0.775

通过表5不难看出，在经过方差极大正交旋转之后，每个公共因子的典型代表变量很突出。其中，公因子1主要包括上层体育部门的关注扶持、上层体育部门的监督评估，主要反映的是上级体育部门对基层体育行政部门的监管效应，将其命名为"上级监管"因子，其因子贡献率为21.48%；公因子2主要包括基层体育部门的政策导向、职责划分、人员配备、规章制度，主要反映的是基层体育部门的自我完善程度，将其命名为"职能建设"因子，因子贡献率为20.25%；公共因子3主要包括基层体育赛事的组织与管理、基层体育组织的建设与管理，主要反映的是基层体育活动的促进效应以及各类体

育组织的发展状况,将其命名为"赛事动力"因子,因子贡献率为17.77%;公共因子4主要包括基层体育部门的服务供给、基层体育资源的科学分配、社会体育指导员的培训与输送、基层媒体的宣传报道、当地企业集团的赞助效应,反映的是基层体育行政干预的辅助措施,将其命名为"行政供给"因子,因子贡献率为14.62%;公因子5主要包括基层供给体育场地的器材设施、学校体育场馆的开放度,反映的是基层体育行政干预的物质环境保障,将其命名为"环境保障"因子,因子贡献率为13.9%;公因子6只包括一项内容,即相关部门的协调配合,主要反映的是基层体育行政干预过程中的各种关系状况,将其命名为"行政协调"因子,因子贡献率为11.97%。

表5 方差极大旋转后得到的因子矩阵

指标	相关因素					
	1	2	3	4	5	6
C1 上级部门的关注扶持	0.937					
C2 上级部门的监督评估	−0.648					
C3 基层体育部门的政策导向		0.979				
C4 基层体育部门的人员配备		0.824				
C5 基层体育部门的职责划分		−0.645				
C6 基层体育部门的规章制度		0.894				
C7 基层赛事的组织与管理			0.907			
C8 基层体育组织的建设与管理			−0.538			
C9 基层体育部门的服务供给				0.742		
C10 社会体育指导员鹏训与管理				0.749		
C11 基层体育资源的科学分配				0.719		
C12 基层媒体的宣传报道				−0.631		
C13 当地企业集团的赞助效应				0.705		

续表

指标	相关因素					
	1	2	3	4	5	6
C14 基层公共体育场地、器材设施等					0.891	
C15 学校体育场馆设施的开放度					0.975	
C16 基层相关部门的协调配合						0.775

2.2 影响基层体育行政干预相关因素解释

第一，上级监管因子。政府体育行政部门，作为一种公共体育机构，其基本职能就是"组织和执行公共物品的供给"。[2]虽然我国在转型时期的根本任务是实现政府职能从直接行政到间接行政、从部门行政到行业行政的转变，但自上而下的国家体制和我国正处于社会主义初级阶段的现实国情并不允许我们一步跨入西方国家"以市场为主导"的经济发展模式当中。而对于基层体育而言，它的市场化进程则显得更为艰难，它必须经历上级主管部门有效监管、大力扶持、逐步推向市场、推向行业的漫长过程。这是任何事物成长壮大的普遍规律。目前的基层体育行政部门之所以对市场干预乏力，其根本原因在于上级体育部门没有为其提供适宜的成长环境，"等、靠、要"仍然是其生存发展的必要条件，而在主管部门有限的条件下给予必要的资金扶持、观念引导、技术培训、市场管理、激励督导都十分必要。

第二，职能建设因子。职能建设因子是指基层体育行政部门的职能定位与制度完善对体育行政有效干预产生的重要作用。我国体育事业整体取得了较大发展，但这仍是行政干预体现出来的社会效应，基层体育行政部门的策应角色突出。因此，应当加强基层体育行政部门行政自身的职能建设，把基层体育行政部门的社会形象转变为"有限政府、责任政府、法治政府、透明政府"的服务型政府形象。各基层部门应当尽快制定和落实《行政问责制度》《工作流程透明制度》《资源分配透明制度》《行政绩效公审制度》等。据悉,"体育总局正在酝酿对各项目管理中心进行大的变革,各运动中心将不再使用,各项目将协会化,由行业协会负责项目发展。"[3]这意味着各竞技体育项目将获得更大的市场空间,行政干预范围缩小,加强基层行政部门的市场监管和服务势在必行。

第三,行政供给因子。行政供给因子实际上是基层体育行政部门的目的因子,基层体育行政部门应该为基层体育组织、个人提供何种服务保障是衡量体育行政部门职能效能的重要标准。这一因子的确立,既反映了基层体育行政部门对自身职责的自省,又凸显了基层体育行政部门对基层体育服务供给严重不足的实际问题,还暴露出基层群众对自我体育权利认识不足的现实状况。基层体育供给体系包括:舆论宣传体系、组织网络体系、活动内容体系、健身用品体系、科技指导体系、体质监测体系和激励奖惩体系等多项内容。而这些公共体育产品的服务供给仍存在较多问题。当前我国城乡群众体育及健康设施设备规则与设计仍较为"粗放",表现为:"以活动空间、场所、设施的数量供给、维持与改善为主"[4]既存在群众体育设施设备质量效能供给不足的问题,还难以有效兼顾不同年龄和地域群体的差异化需求,尤其城乡老年人的日常健康需求考虑愈显不足,同时避免回到"大水漫灌"的老路上。但切实关系到百姓健康体质的软服务却很不到位。据调查显示,85.7%的人表示,"从未接受过当地体育行政部门提供的诸如体质监测、健身指导等便民服务";76.2%的人表示,"感受不到当地体育行政部门举办赛事的宣传效应"。可见,四川省体育行政供给多停留在"硬供给"的层面,而缺少"软供给"。

第四，环境保障因子。环境保障因子是指基层体育行政干预的内外部环境，其内部环境包括部门内的职责分工以及制度协调、约束等绩效问题，而外部环境则主要是指基层公共体育活动经费、场地、器材配备等。近年来，四川省基层体育环境得到了极大的改善和提高。据资料显示，截至2010年12月，自贡市拥有标准场地640个，占地149万m^2，场地面积933万m^2，体育馆7座，标准体育场6个，各种比赛场地200多个，人均体育场地面积达0.5 m^2。新建成占地317亩拥有2万座标准体育场、1个网球中心的南湖体育中心。修建全民健身路径30余条，农民体育健身工程217个。拥有国家高水平体育后备人才基地1个，省级高水平体育后备人才基地1个，国家级青少年体育俱乐部6个。[5]尽管如此，基层体育资源的合理利用和协调运作仍将是长远发展面临的重要问题，加快基层体育产业化发展和体育资源的使用将是今后体育环境改善的长远问题。

第五，行政协调因子。"行政协调是行政系统调整自身与其外部环境之间的关系和调整行政系统内部的各种关系，是指分工合作、相互配合、协同一致，有效地实现行政目标的行为过程。"[6]目前，基层体育行政干预效率存在严重的行政协调不顺、协调领域过窄的问题。所谓行政协调不顺，主要包括两种现象：一是，体育行政部门内部的各职能人员为了保障和扩展自己的职权和管理范围，增加自己的利益，存在争功诿过、互相扯皮的现象，影响工作效率；二是，受基层职能部门合并的影响，体育行政往往与教育、广电、文化、科教行政产生顶牛现象，影响工作效率，如体育市场管理在内容和权限方面就存在体育行政与文化行政之间的长期争议。所谓协调领域过窄，则主要表现在体育行政部门大多负责地方政府下达的行政任务所涉及的部门协调工作,而对于诸如学校体育、协会体育、社区体育等事务开展所涉及的具体关系则很少参与,从而影响基层体育行政干预社会效应的扩展。

3 提升基层体育行政干预效能的路径

《国务院机构改革和职能转变方案》等文件的出台都将行政管理部门职能转变和简政放权放在特别重要的位置,提出"该取消的必须取消,该下放的必须下放,该整合的必须整合,真正做到向市场、社会放权,减少对微观事务的干预,同时该加强的要切实加强,改善和加强宏观管理,提高政府管理科学化水平"[7]。2014年以来,四川省22个市州体育局已有一半以上也相继被撤销改组与同级文化、广电、教育、新闻等部门合并,由此带来基层体育发展运行方式必将发生深刻变化,同时,对其政府部门职能定位、权力调整等也提出了新的要求,机构职能或管理领域、工作重点等有所转变,为适应这一变化趋势,势必转变基层体育行政干预目标、方向、重点等,以提升治理的效能。

3.1 确立基层体育行政部门的法学依据

依法行政是新时期我国体育行政职能转变的重要方向,"只有有法可依才谈得上依法行政,才能使政府行为尽可能做到有法可依、有规可循,以最大限度地减少政府行为的任意性。"[8]但从目前的状况来看,我国体育行政部门存在着严重的"无法可依"的尴尬,尤其基层体育行政部门更因其法学地位的模糊性而直接导致体育行政人员的执法意识淡薄。《体育法》中明确规定:"国务院体育行政部门、县级以上地方各级人民政府体育行政部门"主管全国或本行政区域的体育工作。可见，体育行政部门的执法资格是人民政府赋予的，不是被授权的，更不是委托的。既然县级体育行政部门是国家体育行政部门的序列存在，通过上一级法制部门的培训考核获得行政执法主体资格就是可行的。受过去的"体育是纯公益性事业"的观念影响，缺少必要的执法资质的基层体育行政部门必定在监督、管理、协调、服务过程中面临越来越多的问题。长此以往，对于体育事业"弱化微观管理"的改革将转变为"不闻不问"的消极现象。因此，基层体育的行政干预效果的好坏，很大程度上取决于其法学意识的提升、执法资格的获得、执法权限的界定。

3.2 明确基层体育行政干预的行为重点

"行政行为是指享有行政权能的组织或个人运用行政权对行政相对人所作的法律行为。"[9]基层体育行政行为表现出抽象行政行为多，具体行政行为少的实际特征。所谓抽象行政行为是指"不确定性或普遍性行政行为，如制定各种法规、规章，发布命令，决定等；而具体行政行为的行为特征较为具体，只涉及某个人或组织的权益，包括行政监督行为、行政奖励与行政给付行为。"[10]当然，以上所说的具体行政行为又可以分为作为行政行为和不作为行政行为，这已经成为基层体育发展中暴露出来的较为严重的问题。因此，针对基层体育整体状况较为落后的实际情况和行政职能改革的长远目标，基层体育行政干预的行为重点应当放在具体行政行为上，如行政奖励、行政给付、行政调配等。只有这样，才能够真正做到行政为民，才能吸引多方社会资源投入到基层体育事业建设潮流中来。

3.3 加大与基层教育部门的职能协作

四川省多数市州基层体育行政部门与当地文化、广电、教育等部门实现职能重组。但这种改革并非以最优化体育资源利用率为目的，所以导致合并后的体育行政职能出现弱化现象。"一个班子（党组）、两个摊子（文化体育各一摊）、三个章子"的行政程序对基层体育活动的开展造成重要影响，尤其对地方有限体育资源的协调使用上更加困难。（1）教育系统因其连贯的行政属性短期内不可能与诸如体育、文化等行政部门实现机构重组；（2）基层体育部门因为担负向上级输送体育专业人才的政策任务很难实现较大幅度的职能让渡；(3) 教育系统目前为止仍难以担负起输送竞技体育优秀后备人才的重担。

在当前，从"碎片化"向"跨部门协作"转化是政府部门间运行机制变迁的基本方向；建构多部门间协作机制成为提升基层体育行政干预效能的重要维度。因此，应当加大基层体育部门与教育部门之间的协调，促使基层体育资源的合理、科学使用。而其中可能遇到的体育设施破坏维修、资金运作的部分费用则可以由体育行政部门负责。这样既可极大缓解居民日常体育活动缺少活动场所的状况，解决群众体育发展的瓶颈，又可将学校体育的人力、物力资源发挥出来。

3.4 积极培育和完善基层体育市场

培育和完善基层体育市场，关键是要让体育行政管理者树立市场意识，基层体育行政管理部门需要把市场放在重要位置、看重市场在体育事业发展中的作用。具体来说就是看体育行政管理部门是不是按市场需求谋划生产，是不是按市场规律谋划发展[11]。市场是根据人的需求建立起来的，对于四川省基层社会的体育需求而言，首先应当瞄准他们的体育实际需求是什么，当这些需求得到满足的时候自然而然地会提升体育需求的层次和品位。通过调查了解到：在市、县一级民众中，群众体育参与者最需要的是体育健身指导，包括技术指导、理念引导；而青少年群体最需要的则主要包括时尚前沿的各类体育运动装备（如NIKE、ADIDAS等运动品牌）、休闲刺激类体育运动培训（如轮滑、街舞、三人篮球、五人足球等）。形成具有川内特色的"假日体育"市场，加快体育产业结构调整。

3.5 加紧基层体育场所设施的新建与维护

基层体育环境的改善有赖于体育场地、设施的有效配给，而新建与维护无疑是其中的重大环节。目前，我省基层体育场地设施的重点放在新建上，极大缓解了体育场地资源紧张的局面。新时期体育事业的发展，一是要进一步发挥"体育惠民行动"和"体育民生工程"等建设更多贴近群众利益、满足群众需求、服务群众的体育设施设备；二是推进各类体育场馆免费开放或低收费开放；三是引入社会资本和力量参与体育场馆的建设与提供，多途径、多渠道供给，满足老百姓日益增长的体育健身需求。

3.6 政府放权积极培育社会体育团体组织

基层体育行政管理部门需要积极培育社会体育组织，多元化的体育行政主体；实现政府部门、社会组织、市场主体的有效互动[12]。体育行政主体多元化发展既是合理配置权力资源、推动不同体育领域自治的基本诉求，也是实现体育公共利益的现实需要[13]。体育政府机构的改革，要求把大量原来由政府承担的微观管理和服务职能转移出去，交给社会组织来承担。因此，对体育社团组织的培育、扶持是推进各体育行政改革的重要工作。鉴于基层地方经济发展水平较为落后的实际情况，我们应当充分认识到体育的经济拉动作用，大可以通过政府放权的形式率先完成社会体育团体组织的建设。打破地方市场经济自然扩张的固有传统，体育社会团体可以通过各种赛事服务、信息服务、培训服务、产品服务满足人们的各种体育需求。

4　结束语

当前，为适应国家经济社会发展的"新常态"，深化基层体育行政管理体制和治理方式改革已势在必行。然而，我国基层体育行政治理模式改革是一项复杂而又艰巨的工程，在改革的进程中可能会受得来自既得利益集团、市场机制不健全等方面阻碍，可能会因部门间深度合作经验欠缺而走弯路，也可能会因一些不可预估的失误饱受批评。但不管怎样，改革是发展的动力，基层体育行政治理改革必须继续，唯有深入推进改革，才可能迎来体育事业的整体繁荣和发展。

参考文献

[1] 夏书章. 行政管理学 [M]. 广州：中山大学出版社，2013.

[2] 张今声. 政府行为与效能——政府改革的深层次透析 [M]. 北京：中国计划出版社，2001：163.

[3] 贾蕾仕. 体育总局酝酿取消足管中心足协行使权利将获自由 [N]. 长春晚报，2011-08-09.

[4] 姜玉培，甄峰等. 健康视角下城市建成环境对老年人日常步行活动的影响研究 [J]. 地理研究，2020，39（3）：570-584.

[5] 常桂祥. 论行政协调 [J]. 理论学刊，1998（3）：89-93.

[6] 朱立毅，王敏. 加快建设人民满意的服务型政府——解读《国务院办公厅关于实施〈国务院机构改革和职能转变方案〉任务分工的通知》[N]. 人民日报，2013-03-30.

[7] 罗嘉司. 体育行政立法管窥 [J]. 武汉体育学院学报，2005，39（3）：13-15.

[8] 王亚洲. 体育行政行为纳入司法审查的可行性分析 [J]. 黑龙江省政法管理管部学院学报，2010（8）：29-32.

[9] 刘青，陈林会，等. 从"基础性作用"到"决定性作用"：体育市场推动体育新发展的理论思考 [J]. 成都体育学院学报，2014，40（10）：32-39.

[10] 王家宏. 我国公共体育服务体系的内涵、特征与价值取向 [J]. 成都体育学院学报，2014，40（1）：7-11.

[11] 宋亨国. 我国体育行政主体的分类研究 [J]. 武汉体育学院学报，2013，47（12）：12-17.

后 记

本书完结之际，万千思绪涌上心头，回想着撰写时的无数个日日夜夜，查阅资料、修改书稿、拜访权威，夹杂着心酸与艰辛。但看着文档里字数一天天增多，修改部分越来越少，直至最终成型，欣慰袭来冲淡了一切。

由于目前我国青少年体育长期以来依赖教育和体育部门的行政手段，其发展目标、路径、政策和物质保障均呈高度单一化特征，无法满足新形势下国家、社会乃至青少年自身对发展和参与体育的需求，需要通过公共治理的途径在最大程度上整合不同政府部门、各类社会组织和家庭的资源，建立符合中国青少年体育发展实际的"善治"体系。《青少年体育公共治理体系研究》正是在总结国际国内青少年公共治理方面理论和实践的基础上，从部门专班指挥系统、政策法规保障系统、物资经费保障系统、体育服务指导系统、执行效率评估系统五个方面来进行青少年公共治理体系的理论构建，使其成为提高青少年体育参与率和改善青少年身心健康状况的有效途径。

本书是四川省社会科学"十三五"规划项目结项成果，得到了四川省社会科学规划办公室的资金资助。在课题进展过程中，得到了许多前辈、专家的扶持与不吝赐教，使我深刻体会到做课题，不仅是一个充满挑战的艰辛尝

后　记

试，更是一个人生旅程——甘苦却愉悦！尤其是成都体育学院陈林会老师、西安体育学院李阳老师的提携、帮助，仅用"受益匪浅"往往难以表达！同时，该课题研究还得到四川大学陈妍伶老师、成都大学詹本乐老师和杨力源老师的支持，他们为本课题研究的资料收集、整理、调研付出了辛勤的劳动。研究中引用和参考了一些前辈、学者的研究成果，在此一并表示诚挚的谢意！

在课题修改和本书即将交付出版之际，正值中央全面深化改革领导小组会议审议通过了《关于深化体教融合促进青少年健康发展的意见》，提出了"要树立'健康第一'的教育理念，推动青少年文化学习和体育锻炼协调发展"；提出了要"加强学校体育工作，完善青少年体育赛事体系，帮助学生在体育锻炼中享受乐趣、增强体质、健全人格、锻炼意志，培养德智体美劳全面发展的社会主义建设者和接班人"。种种新的改革理念和举措，为我国青少年体育改革与发展指明了方向。此时此刻，希望这本成果能够为我国体育强国建设、改革青少年体育公共治理体系提供一点点参考和借鉴。

任何研究都是在一定历史条件下的产物，都会存在一定的相对性和局限性。只有无数相对真理之和，才能达到绝对真理的彼岸。本书仅是晚辈开启智慧之门走向科学殿堂彼岸的起点和开端，恳请读者提出批评意见并多予包涵，谢谢大家了！

刘　雨

2020 年 4 月 28 日